灵动的瞬间

——幼儿园过渡环节巧安排

林玉萍　王东芳　主编

中国农业出版社

编 委 会

留住瞬间的
感动

  幼儿园的清晨是充满活力和新奇的。当孩子们怀着好奇和希望步入这个幸福泉般的地方时会像小鸟一样"任性"地感受着：有的孩子会在小花园中嬉戏着捉蜗牛；有的孩子会和老师、小伙伴们尽兴地聊天；还有的孩子用一种静静的眼光看着，像是在思考着什么……这一幕幕表现孩子天性的场景深深地感动着幼儿园教师。因为，创设幼儿自然的个性发展环境是一线教师的必做功课，同时也要求教师必须做好幼儿园一日生活过渡环节的科学设计。

  幼儿园教师在幼儿一日生活中注重区域、集体、户外等活动，而对每日频繁出现的过渡环节缺乏科学合理的设计。这些短暂、间断的环节往往成为教师的头脑休息时间，导致疏忽细致规划、疏忽科学设计、疏忽优质指导。《幼儿园教育指导纲要（试行）》要求：幼儿园的教育具有启蒙性、全面性，寓教育于一日生活之中，发挥一日生活的整体教育功能；创设与教育相适应的良好环境，为幼儿提供活动和表现的机会。这种"一日生活处处是教育"的理念对教师的每时每刻的教育行为提出了新的挑战。

  笔者经过长时间的调研，结合一线教师的实践案例，分析研究了组织过渡环节的焦点问题，详细梳理了幼儿园过渡环节的设置和指导策略，更好地为幼儿发展提供有效支持。

本书的主要内容包括以下四部分：

一是介绍过渡环节的意义及科学组织的原则。例如：在活动室的一个角落里布置一个"十分钟游戏"。当幼儿喝牛奶时，先喝完的孩子可以取拿自己喜欢的玩具，可以是伙伴的相册、心爱的小玩具、还有带来分享的阅读绘本……一个人的自我陶醉，或者和伙伴们的分享，能督促幼儿抓紧时间做事，在等待的过程中发现乐趣所在，变的有事可做。当老师播放安静的音乐暗示孩子们下一活动即将开始的时候，孩子们将手中的材料放回原处，就这样自然过渡到了下一个活动环节。这一案例巧妙地体现了过渡环节的意义，分析了科学组织的原则：生活性、灵活性、动静交替等。

二是具体时间具体安排。将一日生活中的各个散碎的过渡环节进行归纳总结，方便教师更好地领会、运用。同时，书中巧妙围绕幼儿的生活习惯、兴趣特点、精心设计一日生活中的各个过渡环节：来、离园环节，进餐前后环节，集体活动后这几个环节重点分析了环节内容设置特点。如午饭前设计的过渡环节"报菜名"。轮到轩轩报菜名了。他仔细地看菜谱，始终低着头不说话。我问："轩轩，需要我帮助吗？"他不好意思地抬起头，又微微摇摇头。由于他半天没有说话，其他小朋友有点等不急了，催促的声音越来越大。他们你一句我一句地说："快报呀，一会儿午餐都到了。"我示意大家先安静，鼓励他勇敢地报菜名。他试着报出了主食，但声音越来越小。这时，乐乐说："没关系的，轩轩，你认识那么多字，念出来给大家听，试试，你能行。"看得出轩轩受到了好朋友的鼓励后，把菜谱图片和文字一一展示在黑板上，声音洪亮地念了出来。小朋友们情不自禁地为他鼓掌。他害羞地说了声："谢谢大家，祝大家午餐愉快！"之后高兴地走回了座位。

幼儿间这种互相勉励的精神非常令人感动，发展良好的同伴关系，优化同伴关系，挖掘同伴的教育资源，能让幼儿真正体会到同伴间互相帮助的乐趣。

三是具体环节具体策略。本书在各个过渡环节中运用案例回放的方式给以同仁启示，并提供相关的活动设计案例：包括活动名称、准备材料、知识延展、可引导的相关内容、儿童发展点等，给一线教师提供了操作支持策略。

四是对教师在过渡环节中的角色定位进行了梳理。本书中分别从教师作为支持者、引领者、伙伴这三个角度上细致进行了分析，给一线教师提供恰当指导。

立足一日生活过渡环节的多样性，构筑立体化、多层次、多角度的策略文化，结合每个过渡环节的价值分析，适宜的组织内容及策略，为教师提供组织环境、指导方法的多元论述，每节要点结合幼儿生理心理特点进行阐述、典型案例佐证、案例评析引导、教师指导要点、附录参考案例等，从多侧面、多角度呈现过渡环节内容，提升了本书的实用性，方便教师操作和使用。

编　者
2016 年 1 月

目　录

留住瞬间的感动

第◆章

一日过渡　点"时"成金

——过渡环节的教育价值及组织要点

　　幼儿园一日生活是由入园、早操、盥洗、进餐、如厕、饮水、教育活动、户外活动、室内活动、午睡、起床、离园等各种环节组成的，而环节与环节转换的空隙称为过渡环节。

过渡环节是一日各活动中的"驿站",包括多种功能:中转、衔接、过渡,还有休息调整。比起集体活动,它是非正式的、闲散的,同时也充满着自由活泼的气氛。但是,越是这种宽松的环境,有时越需要把握——"小"中如何见"大"?

为什么要重视过渡环节

过渡环节充分体现"生活即教育",体现学前儿童独特的教育管理方式

在幼儿教育中,幼儿的一日学习与活动被人为地分割为不同的板块,在板块与板块之间便出现了一个转换时间,被称为过渡环节。过渡环节作为幼儿一日活动中进行衔接、调整的"驿站",是非正式的、闲散的、自由活泼的。

教师应以一日活动的组织和幼儿的发展为基点,对过渡环节进行新的思考与定位,将"过渡环节"作为一种独特的教育资源,通过延长、融合等方式使一日活动进行得更加合理、顺畅。

《幼儿园教育指导纲要(试行)》中强调的"以幼儿为本",一如我们的教育提倡的尊重幼儿,发展个性。因此,从尊重幼儿的角度来说,一些紧凑的、频繁的活动转换环节,并不一定是幼儿真正需要的,教师须在解读幼儿发展需求的同时,去理解、去思考对应的方法,关注幼儿,追求有效互动,提供及时的、适宜的支持,创设良好的学习背景,利用过渡环节引发幼儿的认知冲突,在真实情景中促使幼儿自主建构知识与经验。幼儿的自主学习常常是在他们的生活中静静发生的,这些片段是非常平静、非常细致的,麻省理工学院的佛曼教授称之为"平常时刻"。在谈到"平常时刻的力量"时,他深刻地指出:"最佳的时刻是细小简单的平常时刻,而不是那些庞大复杂的时刻""深刻地理解了平常时刻,便理解了儿童"。

作为教师，我们如能重新审视教育的切入点，就会将过渡环节的价值有所提升。

过渡环节是生成教育的有利契机，更好体现将目标化整为零的教育

过渡环节是幼儿在幼儿园一日生活中必不可少的重要衔接部分，起着承上启下的作用。如何让过渡环节能够更好地贯穿于幼儿的一日生活当中，是我们教师应该深思的问题。同时，过渡环节也是教师观察幼儿、了解幼儿的一个很好的平台。我们可以有目的、有计划地利用这个平台，从而观察、理解幼儿，帮助他们拓展经验，促进学习。

在过渡环节中进行个别沟通，可以及时地对幼儿进行情绪疏导。

早间入园的独特性为教师与幼儿的个别相处创造了足够的条件。通过与幼儿个别交谈，我们可以更好地理解幼儿，洞悉幼儿的心理状况。针对他们的一些情绪问题，也可以及时进行疏导。

在过渡环节中进行细心观察，能及时发现幼儿特长。

过渡环节中，教师可以通过一些灵活的游戏活动，从幼儿体现的最真实的游戏状态中，发现幼儿不经意地表现出来的平时不易察觉的特质，从而抓住幼儿这一特质，带动幼儿其他方面的发展。比如，有些幼儿平时不自信，可是在某些活动中却表现得相当自信。教师可以由此考虑，如何让他把这一特长迁移出来，促进其他各方面的成长。

在过渡环节中捕捉幼儿的兴趣，有助于教师产生灵感，生成活动主题或有趣的活动。

在一些有趣的谈话、讨论等活动中，幼儿的语言、行为、肢体动作会表现出他们的兴趣及愿望。教师发现以后，可以根据这个兴趣点，了解幼儿的最近发展区，从而生成更多不同的活动或主题，这样的活动才更能够引起幼儿的参与积极性，让他们真正地投入到活动中，从感兴趣的活动中获得更多。

教育实践使我们坚信，过渡环节时间虽然零散、短暂，但同样蕴涵着丰富的教育时机，同样能使幼儿得到主动发展。只有真正做到"心中有目标，眼中有孩子，时时有教育"，才能使"寓教育于幼儿一日生活"得以落实。

过渡环节能搭建有效的交流平台，使同伴资源更具时效性

幼儿同伴群体是宝贵的教育资源，通过幼儿间积极评价、相互制约和潜移默化的影响，幼儿的内在需求得到满足，多种能力得以提高。

幼儿间常常存在一种互相勉励的行为，非常令人感动。发展良好的同伴关系，优化同伴关系，挖掘同伴的教育资源，能让幼儿真正体会到同伴间的互相帮助。幼儿同伴间的教育资源取之不尽，用之不竭，教师可根据幼儿的发展状况，积极挖掘各种同伴间的资源，充分发挥其教育价值，促进幼儿的全面发展。

过渡环节有助于幼儿良好行为习惯的培养

幼儿所需要的过渡环节应该是宽松的、自主的、有序的、利于交往的，利于幼儿进行自我管理，实现教师的自我解放。只有有序的自主才是真正的自主，才能给幼儿创造一个良好的活动氛围，使幼儿在过渡环节中获得更好的发展。幼儿园过渡环节从表面看是细小的，但它却具有非常重要的教育价值。

首先，过渡环节可以督促幼儿抓紧时间做事，积累管理自己的经验，有利于自我管理能力的形成。

过渡环节往往时间较短，在有限的时间里幼儿想要做自己喜欢的事情，那么就要抓住每一分钟。在此过程中幼儿收放玩具、如厕、整理衣服的时间逐渐缩短，自我管理能力逐步形成。

其次，过渡环节能让幼儿懂得有序生活和遵守规则的重要性。

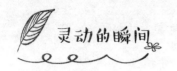
5岁前是幼儿秩序感形成的关键时期。而过渡环节的特点在于时间短、自主性强，在有限的时间里如何让幼儿游戏自如，就需要鼓励幼儿在过渡环节中发现规则及没有规则带来的后果。从而使幼儿意识到规则的重要性，使生活有序。

最后，过渡环节能够培养幼儿良好的行为习惯和促进独立性的发展，为将来入小学打好基础。

幼儿独立性的发展建立在宽松、自主的基础上。过渡环节中适当地安排自主时间能直接带来两个益处，一是让幼儿的爱好和情绪被发现及宣泄出来；二是有助于幼儿行为习惯的培养，如玩具要放回原处，整理衣服、与伙伴友好相处。这样，在自主、友好的氛围中让幼儿获得独立性的发展。

生活处处皆教育。寓教育于一日生活中，把握好过渡环节，将其纳入幼儿园一日活动的重要一环，积极利用这一环节，促进幼儿真正意义上的成长。

过渡环节的误区

误区一：集体教学活动完毕后，教师发出指令："太阳组小朋友去喝水、月亮组小朋友去小便、星星组的小朋友可以趴在桌上休息一会儿。"幼儿们井然有序，按照指令进行活动，整个活动室非常安静。

看到这里，读者是否意识到教师的行为已经违背了《纲要》的精神呢？在这个场景中，很多幼儿只能消极等待，而且教师用"生活环节"替代了"过渡环节"。因此，过渡环节的真正意义并没有得到最大的体现，没有起到承上启下或衔接的作用。教师作为一日活动的组织者，应避免这种高度控制的倾向。

误区二："我数到十，还没有出来的小朋友就不要去玩儿了……""怎么还没吃完呢？快点，我要收拾桌子了……"教师总在不停地催促，处于被动的状态，有时不得不歇斯底里地喊一声。

教师为了及时进行下面的教学活动，会经常性地对幼儿进行催促。幼儿却喜欢一边做事一边闲聊，不时地关注一会儿这个，又与同伴分享一下那个。这样就出现了教师疲于催促的情景。

误区三：在自由松散的过渡环节游戏中，幼儿之间常常会发生一些纠纷。教师针对出现的问题制定相应的游戏常规来约束幼儿的行为，并尽快地让幼儿投入到下一个环节的教学活动。

实际上，过渡环节是幼儿园一日生活的必要环节，是没有办法，也不应该将其从幼儿的一日生活中剔除的。而且，幼儿园的一日生活都是教育的时机，不容错过。

从以上场景中我们发现：教师常常把握不好"教"和"导"、"管"和"放"的关系，导致过渡环节中出现了"管则限""放则乱"的现象。轻易就被忽视的、看似不必要的过渡与转换环节，虽然都是零碎的、短暂的，但日复一日地累计在一起，就是可贵的游戏和学习的时间，也同样是一种教育资源。

怎样理解过渡环节

幼儿园的一日活动包括生活、学习、游戏、运动等环节。这些环节与环节之间存在着具有明确目标和内容，并能承上启下、利于转换的环节，这些环节都被称为"过渡环节"。过渡环节满足了幼儿生理和教育环节转化的需要，让幼儿进行了必要的调整和休息。

因此，过渡环节应该是轻松、自然、流畅的，能让幼儿以自由、放松、积极的心态参与其中。

一日生活中过渡环节的组织

对于教师来说，过渡环节的组织既是一项创造性的工作，又是一项艺术性的工作，需要教师的教育智慧和创造性投入，而幼儿园的教育又是一个相互渗透的整体。因此，过渡环节看起来是把幼儿生活分割开来，实际上则是要依据幼儿生活的科学性，活动的多变性，兴趣的广博性及幼儿身心发展的规律，合理整合为一日生活的教育的过渡。在过渡环节组织中既要符合保教结合的原则，又要有助于幼儿兴趣需要，促进幼儿身心和谐发展，让幼儿在园生活自然过渡，体验到一日生活中的快乐，真正让幼儿园教育回归生活。由此，我们在组织一日过渡环节时可遵循以下几个原则：

过渡环节的组织要灵活

过渡环节应根据幼儿年龄特点、原有水平能力、自控情绪、当日活动安排的内容来随机调整。如：小班的幼儿注意力时间不会太长，过渡环节相对会多一些，就要在每个内容衔接间巧妙过渡，使生活游戏更趋于自然和谐，避免疲劳，合理保持小班幼儿的兴趣感。

过渡环节的组织要注意动静交替

幼儿的年龄特点和心理发展水平决定了幼儿园过渡环节的组织必须依据动静交替的原则。教师根据幼儿即时的心态变化和反应，掌握过渡环节进行的阶段和张弛程度，让幼儿在既不疲惫厌倦也不过度兴奋的状态下进行生活和游戏。

过渡环节的组织要注重幼儿个体差异

每一个幼儿作为社会个体都是独立的、自主的，其生理和心理状况也差别很大。教师在操作过渡环节时就要关注到个别幼儿情况，因人划分，充分尊重幼儿的独立和自主，尽可能地创造个性化的过渡环节，满足他们的好奇、好问、探究、交往，尊重他们的精神和情感世界，使每个幼儿能够健康、活泼地成长。

过渡环节避免过多

《幼儿园教育指导纲要（试行）》第三部分"组织与实施"第九条"科学合理地安排和组织一日生活"第三点中关于过渡环节有规定："尽量减少不必要的集体活动和过渡环节，减少和消除消极等待现象。"

因此，在一日生活的组织中，应珍惜幼儿的时间，关注幼儿活动的有效性。过多的、不必要的、造成消极等待的过渡环节是由于传统教育中教师的观念落后，组织及指导方法不当造成的。我们此书的研究目的就在于：改变过渡环节的处理方法、丰富组织形式、优化一日活动的安排。然而，幼儿一日生活琐碎，内容丰富多样，如：从入园到早餐之间、早餐后与教育活动之间、两个教育活动之间及至午睡、午点之间等等，一天下来，用作中转过渡的时间非常繁杂，不利于从整体进行分析、挖掘、阐述，所以不妨进行归类，由繁入简，既利于阐释，也利于学习。

一日生活虽琐碎，但不难发现每日有相对稳定的时间段，并且是相对固定的：来园，离园，集体活动，区域活动，户外活动，进餐。这样就自然形成了三个大的过渡环节，即：入园后、离园前；餐前餐后、午点后；集体教学后。

下面，我们就从这三个部分进行分析，深入地探讨过渡环节的组织与实施。让教师做到过渡环节存在而不突兀，自然而不生硬，体现常规而不呆板，立体生活而不盲目照搬，充分保证幼儿自由自主地在生活中游戏，在游戏中发展。

第2章

一线联通　点点落实

——过渡环节的设计原则

　　过渡环节是幼儿一日生活中的重要一环，它不是独立存在的。因此，过渡环节的设计要考虑教育教学和幼儿发展的目标，并且和教育活动、区域活动融合在一起，为幼儿发展服务。

幼儿园的教育目标是促进幼儿身体、认知、情感、个性和社会性等方面获得全面发展。为达成教育目标，教师为幼儿创设发展的环节内容同样要涉及广泛、纷繁多样，为此，教师应兼顾幼儿生理状况、社会和知识逻辑等方面的因素，对过渡环节内容加以选择，并恰当组织，使幼儿既能获得知识、技能和行为经验，同时形成良好的生活、学习习惯，促进幼儿身心和谐发展。

围绕幼儿 精心设计

过渡环节内容的选择是一项复杂工作。教师要能做到看似随意而又充满智慧的选择与设置，既要考虑到幼儿生理特点、游戏兴趣、安全健康等因素还要考虑到幼儿活动的便捷，空间场地及时间。

激发幼儿兴趣和需要

《幼儿园教育指导纲要（试行）》中提出："善于发现幼儿感兴趣的事物和偶发事件中所隐含的教育价值，把握教育时机，提供适当的引导。"可见兴趣是激发幼儿参与过渡环节的最大内在动力。有了兴趣，幼儿参与游戏的愿望将会变得积极，能主动参与到过渡游戏活动中。

首先，教师要捕捉幼儿的兴趣点，从幼儿感兴趣的事物中寻找内容。

如：某中班幼儿一段时间对溜溜球非常感兴趣，那教师就可以在过渡环节设计一个溜溜球展示空间，既能满足幼儿体验成功的快乐，又满足了幼儿游戏的兴趣。这种过渡环节内容的安排是深受孩子们喜欢的。

其次，教师也可以预设一些既有利于幼儿发展需要，又是幼儿感兴趣的活动内容。

如：在幼儿餐前安静活动时，教师可以为幼儿提供事先选择好的阅读绘本，请幼儿根据兴趣选择读物，欣赏并感受优秀文学作品的教育价值。

最后，教师还要考虑到一些对幼儿发展确有价值，但幼儿缺乏直观兴趣的游戏内容。

这就需要教师灵活调整活动方式来激发幼儿的兴趣，引导幼儿主动积极地参与活动。如小班益智类玩具非常便于幼儿操作，对幼儿智力开发又极具促进作用，但玩过几次后，教师会发现幼儿在过渡环节中选择的少了，这时就可以根据某种玩具的特点，调整这种玩具的玩法，如形状特别的玩具可以在走廊中布置出立体镶嵌，或者做出"找影子"等另一玩法，从而改变益智玩具一桌一筐一椅子的单一游戏模式，变成了幼儿能够走动、随意摆弄的玩具，通过调整游戏形式来引导幼儿进入兴趣点。

利于幼儿终身学习和发展

幼儿在一日生活中自主的过渡环节很多，任意内容都应针对幼儿未来发展的价值。因此，从过渡环节内容的选取来看，首先内容能够反映社会时代感；其次过渡环节内容本身反映事物发展的内在规律性和幼儿身心发展的阶段性、环节内容间的客观联系性、从集体到分散，再由分散到集中，从具体到抽象，由浅入深，由易到难，由技能的操作过渡到幼儿自主形成的游戏内容结构，为幼儿入学及今后的永久生活学习打下良好的基础。如：大班教师在来园过渡环节中设计"新闻播报"这一内容，幼儿在这一环节中学习收集整理信息，学会关注社会变化，并能用自己的方式表达出来，这一过程培养了幼儿学习的能力。另外幼儿在集体活动后、外出活动前这一过渡环节中，教师组织幼儿进行语言游戏：词语接龙、成语游戏、猜谜等等。幼儿在愉悦宽松的氛围中积累了丰富的词汇，形成了认知经验。可见这样的过渡内容设置对幼儿终身教育起到了良好的铺垫和引领作用。

符合幼儿年龄特征，结合幼儿生活经验和水平

过渡环节选择的活动内容应符合《纲要》精神：符合幼儿的兴趣和现

有经验，有助于形成符合教育目标的新经验；贴近幼儿生活，有助于拓展幼儿经验；体现内容的丰富性、时代性，注重幼儿学习的必要性、妥当性以及与小学教育的衔接。同时，教师应处理好幼儿年龄段特点的统一特征和幼儿个性特征的矛盾。如：在大班幼儿寒假结束后一段时间的过渡环节，教师就可设置一些有关庙会的传统游戏，还可以在这些游戏的基础上拓展出翻绳、摔洋人、折四宝等游戏内容，旨在引领幼儿在传统节日经验的基础上了解更丰富的传统游戏，让幼儿在周围环境及生活游戏的影响下获得大量的信息，感受游戏的快乐。

涉及幼儿园教育目标要求

幼儿园教育目标的落实是贯彻在幼儿一日生活各个环节之中的，过渡环节也不例外，因此，过渡环节内容的设置要有助于幼儿获得基础知识和基本技能，有助于发展幼儿的认知能力和积极的情感态度，有助于幼儿掌握有效的学习方式和社会性交往方法。如：大班晨间来园的过渡环节，教师有意识地引导幼儿观察、记录自然角的变化；记录天气预报；自己进行来园时间的签到等。这一系列的内容设置都围绕大班幼儿的任务意识、探究能力、自服务、时间意识、观察等学习能力的目标。幼儿参与其中，不仅能与目标相对应，而且内容丰富，形式自如活泼。

兼顾季节、节日及周边环境资源等因素

幼儿园过渡环节内容选择和安排时，教师必须考虑到季节、节日、资源等其他因素。如在春季的过渡环节，教师应抓住春天明显的特征，利用散步或晨间锻炼前的过渡环节，引导幼儿观察幼儿园内发生变化的动植物；在中秋节时，就可以在集体活动后分享嫦娥奔月的故事。教师还应依据幼儿园所在地区、幼儿园本身、班级状况等灵活安排，重视游戏内容与幼儿阶段内发展目标，这样既贴近幼儿生活，又有利于幼儿的过渡环节的教育

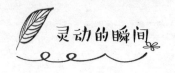
价值的体现。

过渡环节内容选择的原则不是孤立存在的，也不是缺一不可的。教师在实践过程中，结合班级实际，注重原则的整合，灵活机动地设置符合幼儿水平的内容。

立足环节　巧择内容

丰富性

教师要为幼儿提供丰富的活动内容，而每一个活动内容要有不同环境和足够的玩具材料做支持，让幼儿在过渡环节中根据自己的兴趣爱好自主选择，教师可进一步引导幼儿进行多种形式的操作。

情感性

幼儿在过渡环节中的游戏是依据自身情绪进行自主选择的。充满感情色彩的过渡内容和情境性、开放性的材料更有助于激发幼儿参与活动的激情，保持对过渡环节的新鲜感。因此，教师要赋予过渡环节内容的生动性，赋予材料灵性和亲和力，能更好地激发幼儿的内在动机和积极参与活动的兴趣，让幼儿由衷地感到好玩、有趣，更自主地投入活动。如小班幼儿在过渡环节中选择的"撕纸条"活动，巧妙地融入"给妈妈装饰头发"的游戏——幼儿把纸条撕成各种形状布置在妈妈的头像上。对幼儿来讲，这样的活动充满了游戏情境，既亲切又生动。不仅满足了情绪的需要，又锻炼了小肌肉能力。

层次性

幼儿本身存在个体差异，在过渡环节内容选择中，会有不同认识，操作也会处于不同水平。因此，教师在选择过渡环节内容及相应活动材料时，既要重视幼儿群体年龄的特征也要关注到幼儿的个别差异，体现层次性。

1．相同内容，不同年龄，不同层次材料。

就是说，同一个过渡环节的内容，要充分考虑到幼儿年龄班特点。如：桌面插塑玩具是幼儿在过渡环节中经常选择的游戏内容，而教师根据幼儿年龄特点，小班投放的插片要相对大些，插口大，便于插接；中大班就要投放相对小一点的插片，利于发展幼儿小肌肉。同样，钓鱼游戏也深受幼儿喜爱，但教师要根据年龄差异，合理处理游戏材料的难易度。小班可以感受磁铁钓鱼，体验成功，达到手眼协调的目的；中班幼儿就需要调整材料难度——用小钩子找准目标，准确将鱼钓出，同时延伸出多角度分类内容——将钓出的鱼按不同规则进行分类。可见，同一内容，进行材料层次的调整，由浅入深，满足不同水平幼儿的操作和探究欲望。

2．同一年龄，同一内容，层次不同。

如幼儿在过渡环节中经常摆放的多米诺骨牌，教师则巧妙地布置出不同轨迹的三种线条：直线、V形线条、螺旋线条。幼儿在这三种线条中操作多米诺骨牌，就会感受到难易的区别。这样不同层次的活动内容能让幼儿体验游戏的快乐。

自然性

首先，过渡环节本身就是一日生活中自然而然形成的，因此顺其自然，不过分干预、控制就是形成良好的活动环境的基础。其次，幼儿喜欢在不固定的地点运用自然材料灵活变通地进行游戏。这就要求教师根据幼儿兴趣需要随时提供、变换自然材料，如沙、水、锯末、石头、树枝等。此外，还要提供一些废旧材料，让幼儿感受真实生活中的自然物品，最大限度地

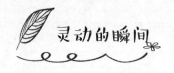

满足幼儿的"随心所欲"。

探索性

中大班的过渡环节可多参考这一特点。如：照顾自然角，对自然角的动植物进行记录统计，同时教师需要在这些内容中巧妙地设计隐性的问题，即让问题隐含在内容之中，鼓励幼儿在观察、操作、体验中感受日常生活与学习的关系。

综上，在内容的选择和材料的投放过程中，这几个方面特性的把握并不是孤立的，也不是简单对号入座的，需要相互融合，相互映衬，才能使过渡环节内容真正激发幼儿的生活情趣。过渡环节的内容和材料也不是一成不变的，在适当的时段，可以调整、增减、更新、组合，使过渡环节最大限度地发挥教育潜力，实现"点点滴滴是游戏，时时处处有教育"的理想状态。

自然过渡　精心教育

依据幼儿园一日生活规律，本书以来离园过渡环节、进餐前后及午点后过渡环节、集体教学活动后过渡环节这三部分来分别阐述环节特点及设置合理内容的方法。起到以点带面的作用，目的旨在运用以上原理和方法设置过渡环节，帮助教师在一日生活中的各个过渡环节灵活操作。达到"小过渡，大教育"的有效教育目标。

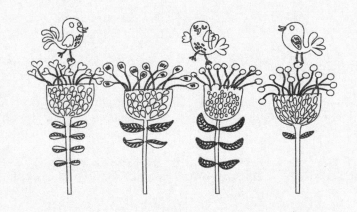

第3章

一日朝夕　淡淡花开

——晨间入园、晚间离园过渡环节

幼儿园一日生活总是由晨间接待开始，由离园送往结束。这一接一送中藏着幼儿的"小需求"和家长的"大期待"。作为幼儿教师，要抓住朝夕，让幼儿既兴奋愉悦又稳定放松，过渡得既充实有趣又轻松自然。

来园过渡环节
——个别关注与集体教育的结合

来园过渡环节在幼儿一日生活中起着比较重要的作用，甚至能够影响幼儿一整天的情绪状态。

来园过渡环节有如下特点：幼儿来园时间比较分散，不少家长有需要交待的事务，需要教师个别化的接待和关注。

这就需要教师支持好过早入园的个别幼儿和之后较密集入园的多数幼儿的晨间活动。同时对教师提出了很高的挑战——如何在这短暂的时间内，让幼儿形成快乐、安全的情绪情感。

教师在此环节中可深度考虑幼儿的不同需求：他们中有的需要安全感，有的喜欢分享，有的恋家，有的喜欢独处，有的喜欢得到教师的关注等等。

面对如此多样的需求，教师所做的就是利用环境和游戏活动让幼儿在不同层面上得到最大满足。教师最大限度地利用好"发现探究类活动"是晨间来园教育很好的切入点，也是做好一日教学的开端。

离园过渡环节
——寻求幼儿自信及家长高期待的平衡点

离园过渡环节是为幼儿提供回忆、交流、展示的最好时机，有助于幼儿形成自信、自我肯定的心理认识。来园过渡环节时幼儿的需求是要得到教师的迅速认同，而离园过渡环节则是需要亲人的鼓励和赞许。相应的，家长在这一日的两端持有虽然短暂却希冀颇高的心理期待：看到幼儿循序渐进的进步所产生的满足心理。幼儿心理情绪正处于亲情的放松和理性规则之间——情绪情感、自控能力、行为表现等个性品质会真实表现。教师

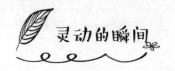
在此环节设计内容时就需要考虑到哪些是利于幼儿形成成就感的活动，又有助于家长认识幼儿在园生活学习状况。通过实践认知，我们认为：在离园阶段与幼儿做一些"回忆交流类活动"及"才艺展示类活动"比较适宜。

发现探究类活动

我们从中班的一个"蜗牛"案例，分析一下教师如何抓取来园过渡环节的教育价值，并能科学合理地把这一环节作为半日教学或者阶段教学的教育契机。

案例回放

蜗　牛

背景：

幼儿早晨刚刚入园，发现雨后小花园里有很多蜗牛，触手可摸。他们会亲自去抓，还会提议把小蜗牛带回班级去养。教育来源于幼儿的生活，要贴近幼儿的生活，要把幼儿身边的事作为教材。因此教师决定抓住这一很好的契机，巧妙地对幼儿实施来园过渡环节的教育。

内容：

教师和幼儿们一起商量抓蜗牛的方法。孩子们带着纸盒、果冻盒、小瓶子、酸奶杯……教师没有直接否定孩子们的方法，而是让孩子们选取自己的方式去捉蜗牛，从而了解适合蜗牛生存的环境。点评：捉蜗牛不是集体统一的任务，但又是孩子们非常喜欢的活动，没有时间限制和人数限制，地点也很宽松分散，非常适宜幼儿个性化参与。这是一个很好的实践过程，孩子们在探索后，能够增加感性经验。因此，来园过渡环节非常适宜安排探究类、发现类的活动内容。

陆续入园的孩子们看到热火朝天抓蜗牛的小伙伴，也投入活动。早到的孩子们想办法把蜗牛放在自己的瓶子里，纸盒里，晚到的孩子则瞪大眼睛开始寻找新目标，有的开始给好朋友帮忙了。点评：短暂的25分钟的来园过渡环节，幼儿精神饱满，在过程中好奇地探索着、商量着，没有来园的恐惧和焦虑，是活动的动力和兴趣让后期的活动有了更大的教育价值。在晨间接待来园的高兴趣点的基础上，教师可以在后期开展一系列的活动以形成幼儿完整、直观的经验。

后期延展活动：

谈话——蜗牛爱吃什么？

分析：

班里自然角有很多小蜗牛，需要幼儿们的照顾，大家七嘴八舌，说了很多答案。有的说，蜗牛喜欢吃泥土，因为它总在土里钻来钻去；有的说，它喜欢吃草，它每天在草里爬来爬去；有的说，蜗牛吃肉；还有的说，蜗牛不用吃东西，因为它没有嘴巴。教师没有给出答案，而是请大家在今后陆续观察，寻求正确答案。

教师巧妙利用过渡环节中幼儿的新发现，及时捕捉教育契机，发起讨论，为幼儿创设想说、敢说、有机会说、大胆交流、分享的机会，引导幼儿在讨论过程中继续发现探索新的问题。

教师利用蜗牛这一晨间兴趣点，还可以陆续开展系列的蜗牛主题活动，采用多种手段丰富幼儿了解蜗牛、感知蜗牛的经验。这个晨间来园活动是教师灵活抓取的，在整个环节中，教师以"蜗牛"这一幼儿有高度兴趣的内容，让来园的过渡环节最大限度发挥了教育价值。幼儿在此环节中，有学习探究的愿望，有大胆的猜想和勇敢不懈的实践，在谈话和实践观察中，幼儿不断尝试自己的推想，验证着蜗牛的习性。在一次次的探究、发现活动中，满足了幼儿好奇、探究的心理。

晨间来园过渡环节，适宜幼儿发现观察的活动内容有很多。教师注重发现和捕捉幼儿有兴趣的事物，同时抓住其主要目标核心价值，引导幼儿进行谈话、观察、探究。日复一日的积累后，幼儿的探究经验及学习能力在这个过渡环节中得以提升。

教师在选择幼儿晨间"发现探究类"活动内容时，要考虑到：活动内

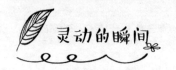
容应该是幼儿触手可及的事物。如：雨后的小蚯蚓，夏天的小蚂蚁，春天的小蝴蝶，自然角饲养的小鱼、小兔、小鸡等幼儿每天可以关注到的事物。同时，哪些是幼儿的真正兴趣？哪些是被兴趣？需要教师在与幼儿的互动中形成正确判断经验。最后，熟悉幼儿应该认知的发展点，合理进行筛选、梳理利于幼儿发展的教育因素，巧妙施教。

参考案例 1

活动名称：自然角——植物的根

准备材料：

不同植物的根、不同生长环境的根；植物根图片、课件、植物根标本；观察记录册、照相机、测量工具

知识延展：

植物根的总称为根系，分为直根系和须根系。根的主要的功能是吸收。通过根，植物可以吸收到土壤里的水分、无机盐等。根还能支持植物，以免倾倒。

在自然界中，根有保护堤岸和防止水土流失的作用。在我们的生活中，根具有食用、药用和成为工业原料等多种用途。教师应在班中自然角提供植物根的模型或标本，以便幼儿亲近观察、了解，从中感知植物根的多样性及植物根的生长。

可引导的相关内容：

★观察植物根的不同，直根、须根各有什么特点。

★根的基本结构及主要功能。

★记录植物根的生长。

★收集植物根的作用，食用、药用、工业原料等。

★将植物的根做成标本。

★讨论根的寓意，根扎实植物才能生长得更快更好，小朋友的生长亦如此。

儿童发展点：

★鼓励幼儿通过连续观察，探究植物的根。

★学习使用测量工具及记录根生长的方法。

★引导幼儿在种植活动中，以自己独特的想法和方式解决问题。

★通过讨论根的寓意，发展幼儿的想象力、创造力及分析问题的逻辑能力。

参考案例 2

活动名称：动物——辛勤的小蚂蚁

准备材料：

有关小蚂蚁的图片、视频等资料

知识延展：

蚂蚁是自然中最常见的小动物，而且有着很神奇的地方：它所举起的重量，竟超过它的体重有 100 倍之多。因此蚂蚁也称自然界的大力士。

幼儿们每当到户外，都能第一时间发现小蚂蚁的踪迹并对其活动非常感兴趣。幼儿在观察蚂蚁、认识蚂蚁的过程中，既可以激发积极探究、主动发现的学习兴趣，又可以在活动中快乐成长，培养幼儿关心小动物、爱护小动物的意识。

可引导的相关内容：

★了解蚂蚁的体貌特征。

★引导幼儿学习简单的绘画，通过想象表现蚂蚁的家。

★使幼儿进一步了解蚂蚁特有的生活习性。

★知道白蚁是一种危险的蚂蚁种类，对建筑有破坏性的影响。

★培养幼儿热爱蚂蚁，热爱动物，热爱大自然的情感。教育幼儿保护动物、保护大自然。

★学习小蚂蚁团结向上的品质。

儿童发展点：

★通过观察蚂蚁的外貌，提高幼儿的观察能力。

★通过描绘蚂蚁，发展绘画能力。

★通过如何学习小蚂蚁团结的精神为话题，发展幼儿语言表达能力。

　　这种发现探究类活动在幼儿来园的一刹那具有独特的魅力：宽松的探究氛围、丰富的操作环境、自由结伴、自主探索。这样的来园活动设计让幼儿们从教师的指挥棒下解脱出来，走向自己的兴趣与需要。在与发现物的互动中，不断自我探索、自我发现以满足需要，获得个性化的发展。此外，这类活动特有的自主性、持续性能使幼儿形成相互交流、创造的欲望，并能使幼儿的创造力得到发展。在来园过渡环节中教师要注重利用这一理念，满足幼儿多方面发展的需要，使幼儿在快乐的童年生活中获得有益于身心发展的经验。让幼儿开始愉快的一天。

　　教师在这过程中起到了观察、鼓励、间接支持的指导作用。在这一环节中，教师既要抓取幼儿个别倾向行为，又要激发起幼儿整体的学习愿望，在幼儿来园过渡环节教师要选择好幼儿个别行为与大多数幼儿兴趣点同步的内容。这样的过渡才能真正做到有教育意义，才能真正起到承上启下的作用。

回忆交流类活动

　　这类活动非常适合离园过渡环节。幼儿通过交流谈话来回忆操作的过程，展示用过的材料，分享已经完成或尚未完成的作品。

　　这类活动给幼儿提供回忆和表现他们在操作时间所从事的活动的机会。能帮助幼儿看到他们的计划和活动之间的联系，能对他们自己的行为和思想有更清楚的意识。

　　回忆过程，就像计划过程一样，贯穿整个交流活动。幼儿完成了一个活动，即将开始一个新的计划以前，他们会和教师谈论他们的活动。教师要给幼儿提供时间和机会，让幼儿在交流和谈论的过程中明白自己已经做了什么，还能做什么，或者懂得自己这样做，能展示给大家的有什么？幼儿可以表演、可以唱歌、可以是作品展示、可以是集体的演出等等；教师利用这些回忆展示过程最大限度的培养幼儿自信心。

幼儿在进行回忆展示的过程中，会将语言和动作联系起来，用语言描述动作，能使这些动作经验得到更好的贮存和运用。同时能帮助幼儿对自己的经验进行评价，从中得到进一步的学习和提高。在计划后加上回忆，幼儿能在活动中学习的基础上建构认知。在群体中回忆能帮助幼儿相互学习，分享和学习他人的经验。

幼儿离园前，心理处于放松状态，表现的欲望较强。作为教师，在组织这个环节中要为幼儿提供充分展示的机会。对于年龄较大的中大班幼儿，可看木偶戏，装饰圣诞树，分享采摘经验等；对于年龄较小的小班幼儿，教师可提供更多可选择的机会，如组织歌曲或儿歌等复习内容。

已有经验交流

教师与幼儿一起进行讨论回忆，鼓励幼儿展示材料，分享作品，帮助幼儿把间接材料和实际活动联系起来。

 案例回放

采摘归来

背景：

离园前，大班幼儿自主选择采摘后的照片或计划图，教师引导幼儿自由结伴谈论自己在采摘时感兴趣的事物。

内容：

教师：请小朋友们寻找你们自己感兴趣的照片和自己的计划图，找找你们喜欢的内容，看看哪些是你们在采摘时有意思的事情。点评：教师在此环节为幼儿提供分享回忆的时间和环境，提供物质和心理支持。

幼儿自由结伴交谈，相互分享照片。

小玲：这张照片是我妈妈抱着我摘猕猴桃，没够到，换了个阿姨抱着

我够到的。点评：幼儿获得的是猕猴桃在架子上生长的经验，并得知摘到高处水果需要登高，还可以用外力。

洋洋：叔叔对我大声说，苹果洗了才可以吃。水果上有农药。点评：幼儿分享着吃水果要清洗的经验。

欣欣：采摘计划里没有画上垃圾桶。我们在去采摘的路上，没有地方扔垃圾。点评：幼儿将计划中的准备工作和实践经验结合，将预知和已有经验进行搭钩，并知道自我调整。

教师：你们谈论了这么久，谁愿意把自己新知道的事情和大家说说？
点评：教师为幼儿提供大胆自信交流的机会，鼓励幼儿在众人面前讲话。

鹏鹏：我知道了摘梨子要用布兜兜。

舟舟：采摘的时候要告诉妈妈，不要穿高跟鞋，很危险。

小刚：回来的路上，我妈妈告诉我，我们采摘的猕猴桃还很硬，要放一周以后，变软才能吃的。

分析：

教师以"回忆采摘内容"为主要线索来设计离园过渡环节是为幼儿提供了他们在操作活动中所形成经验的交流分享平台。在短暂的二十几分钟的离园过渡环节中，师幼形成了良好的互动氛围，并在交流中形成了采摘的经验。幼儿在小组交流和班集体交流中回忆自己熟悉的内容，是十分自信的，情绪情感积极，同时幼儿会把这些经验转化为自己有用的经验，也会为一些不愿意说和不敢说的幼儿提供了发展机会。虽然，此环节时间不长，但要让活动有价值、有滋味，教师要注重选择分享的话题和内容。

教师如何帮助幼儿回忆已有经验呢？

教师与幼儿一起进行讨论回忆，鼓励幼儿展示材料，分享作品，帮助幼儿把间接材料和实际活动联系起来。

值得注意的是，并不是所有的幼儿都能根据教师的建议进行回忆。可以让幼儿自由选择方式交流，如画下自己喜欢做的事。教师发现幼儿表达有困难时，应主动鼓励其他幼儿一起分享，协助其度过离园前分享的困难。

有个别幼儿不愿意回忆他所从事的活动，教师不应强求，可另找机会进行。

旅游欣赏类交流

离园过渡环节还可进行旅游欣赏类的交流。这类活动幼儿经验丰富，而且有相关材料作为支持，同时也是幼儿喜欢讲述、喜欢分享的适宜内容。教师需要做的是：进行家园联系，做好回忆前的信息收集整理工作，方便幼儿交流分享。交流要遵循的目标是提升幼儿生活经验，选择的内容要便于幼儿直观感受。下面提供一些常见案例，教师可参考教育发展要点来酌情把握离园前的教育内容，适时引导幼儿分享，达到分享者与被分享者的双边发展。

案例回放

大班五一假期的分享

背景：

幼儿放假前有着明确的任务意识，积累了五一期间的各种照片及相关景点或场所的资料图片、宣传广告、五一节期间的纪念品。

内容：

教师：小朋友们五一假期后带回来很多好玩的、好看的东西。点评：教师抛出幼儿分享的焦点，起好引导作用，支持幼儿发现交流。请大家自由观看，边看边向小伙伴介绍这个五一节你去了哪里，你和谁去的，有什么好玩的，在那里发生了什么开心的、难忘的事情。相互说一说。点评：教师提出了观看的具体要求以及明确的为幼儿指出交流的内容，引领幼儿思维的顺序性和整理自己已有经验的梳理方法。

教师注意观察幼儿自由交谈。

幼儿王家手里拿着自己去农村奶奶家掰玉米的照片，兴奋地讲："看，我会掰玉米了，我还给你们带了两个大玉米，放在了自然角。"他边说边用小手自豪地指着摆在自然角的玉米。点评：幼儿分享的同时，表现出少有的

自信和自豪，他获得了小伙伴的羡慕和赞许，心中油然升起的喜悦应该是终生难忘的。

幼儿李乔："看，我去坐了双人飞天。"他拿着照片一边跑向教师，一边迫不及待地喊着。教师示意他小声。但他还是不能抑制激动的神态："老师，您看，我坐了双人飞天。这是石景山游乐场，我妈妈和我排了很长的队才玩上的。看，这是妈妈和我，我俩还系了安全带，妈妈教我怎样系了安全带。"点评：幼儿李乔像机关枪一样的表述足以证明他的经验尤其丰富。事实上他日常的口语表达不是很流畅，也不是很爱表现，但他今天的分享很有信心，与幼儿的经验积累和教师创设的离园前环境氛围是分不开的。

教师："五一的时候我也去了一个地方。"教师出示去长城的照片，特别请幼儿观看照片中一个脏脏的点，告诉幼儿那是游客吐的口香糖。教师提出问题：我们应该怎么做？教师引导幼儿根据环保内容进行小讨论。

教师请大家对感兴趣的照片和绘画内容继续自由交流。

分析：

此过渡环节教师从内容的选择上考虑到了四个方面：其一，内容是否是幼儿感兴趣的，是否是幼儿生活经验范围之内的，如"五一假期"有哪些快乐事？幼儿愿意说吗？幼儿有过"五一"这方面的经验吗？其二，此环节内容是否能促进大班幼儿的发展，新旧经验是否有冲突；其三，对于大多数幼儿来说，自信心的形成、表现欲望的提升，语言表达能力的发展程度是否适宜这个时间段；其四，引导幼儿所分享的经验是否能够与平常的生活建立联系。

此环节组织过程可以看做是教师开展语言教育活动和幼儿进行语言学习活动的时间流程。组织这个经验分享过程对教师考验的是：首先，教师引发分享专题的技巧是否能够激发大多数幼儿的兴趣？如运用恰当的提问：五一节，你们都去哪里了？有什么好玩的地方啊？教师巧妙地运用这种一石激起千层浪的提问与幼儿霎时间形成共鸣，把幼儿带入分享的情境中。其次，教师要考虑到幼儿在分享过程中要借助哪些手段，幼儿分享有哪些需求。借助照片、实物、视频等手段支持幼儿回顾经验这个过程是不可缺少的环节。最后，教师在幼儿思维发散阶段，需要做的是认真倾听、仔细推敲、缜密判断、科学筛选出幼儿分享经验中的价值点：如环保的方法、劳动技能、景区特色的展示等等，给予幼儿简单、明了的总结。

内容选择

综上例，经验分享需要教师从以下四个方面进行内容选择的考虑：

第一，幼儿感兴趣的或与熟悉的生活紧密相关的话题。在幼儿的生活中，他们感兴趣的、熟悉的话题有饮食类、娱乐类、游戏类等等。幼儿对所分享的话题具有一定的经验基础，能够有话可讲。完全陌生的话题是无法使幼儿产生谈话和分享的兴趣的。

第二，幼儿所分享的内容一定是时下发生的、有一定新鲜感的话题。幼儿感兴趣的话题往往是那些新颖的内容。如"神舟九号"、"运动会"等。

第三，有趣的话题常常与幼儿近期生活中共同的关心点有关。一定区域内幼儿生活中出现了某些大家共同经历的事或是电视台最近放映的一部动画片都能够使幼儿产生交流和分享的愿望，就能成为谈话分享的中心话题。如：所在幼儿园附近要举办一个展览会，某场重大的电视直播等等。

第四，有一些话题是幼儿百谈不厌的，因为这些话题可以不断满足幼儿的想象和创造，选择这样的经验分享内容，可以让幼儿体验到更多不同的交谈经验，如"白雪公主"、"三打白骨精"等等。

如何组织

教师在组织交流谈话时需要做到以下四大步骤：

步骤1——创设分享情境，引出分享话题

这是组织离园的谈话话题的第一步。教师在专题分享前，通过一定的情境，激发幼儿的兴趣，启发幼儿相关经验的联想，打开语言表达编码的思路，做好话题分享准备。这样的情境创设，主要通过两种方式。

第一种方式是以实物创设的情境，即教师利用班级活动角布置、墙饰、桌面玩具、实物摆设等向幼儿提供与经验分享有关的可视形象，启发幼儿谈话的兴趣与思路。例如：上例中的五一节经验分享前，教师可引导幼儿观察五一长假后小朋友带来的照片及旅游物品布置的展览区角。

第二种方式是用语言创设的情境。教师用自己的发言和提问来唤起幼儿的记忆，调动他们的经验，以便进入分享谈话。

在第一步骤的活动设计和组织方面，教师应当注意下列两个问题。

首先，无论以实物的方式或语言的方式创设谈话情境，都必须以有利于幼儿谈话为前提。一般说来，对幼儿感性经验比较丰富的话题或幼儿新近关注较多的话题，可以不采用实物方式创设情境。而对幼儿分享难度大的话题，则要考虑创设实在具体的谈话情境。

其次，分享谈话情境的创设是为引出话题服务的，应避免出现两种情况：一是避免许多与分享内容无关的摆设，应紧扣分享话题的中心；二是避免过于热闹以致喧宾夺主的现象。分享话题情境的创设应尽可能地简单明白，以便直接连接话题内容。过于复杂的情境有可能分散幼儿的注意力。

步骤2——围绕话题自由交谈

开始谈话之后，教师要向幼儿提供围绕话题自由交谈的机会。这一步骤的目的在于调动幼儿个人有关对谈话中心话题的知识储备，运用已有谈话经验交流个人见解。比如在"快乐的五一假期"谈话活动中，教师让幼儿自由参观展区、围绕照片和旅游纪念品进行交谈之后，请幼儿讲出特别好玩的地方，向小伙伴们介绍，使每个幼儿都有分享交流的机会。

组织这一步骤活动，有三个基本的原则可供参考。

一是放手让幼儿围绕话题进行自由分享交流。在幼儿分组或一对一地自由交谈时，允许幼儿说任何与话题有关的想法。教师可引导，但尽量不去做示范，不给幼儿提示，不纠正幼儿遣词造句的错误，让幼儿充分运用已有经验说出自己想说的话。

二是鼓励每位幼儿积极参与交流分享，真正形成双向或多向的交流。当幼儿分成小组时，教师可让幼儿自己选择交流对象。这些三三两两自由结合的小组，或是一对一的小组，更有利于发挥每位幼儿的积极性，使他们有更多的机会交流分享，同时保证交流分享的气氛更加融洽。

三是在自由交谈的过程中，适当增加幼儿"动作"的机会。交流分享是口语表达的锻炼，也是头脑思维的锻炼。但根据幼儿活动的特点，在交流过程中适当增加一些其他操作方式，将更有利于调动幼儿的兴趣，增强说话的积极性。

在这个活动阶段，教师的职责和任务主要表现在三个方面：

一是教师必须在场。自由交流时，教师不能袖手旁观或去做与幼儿交流内容无关的事情。当幼儿看到教师在场时，幼儿能感到自己说话的价值，增强积极性。可以说，教师在场意味着活动的正常进展，能够对幼儿产生潜在的意义。

二是教师参与谈话。教师可以参与巡视的方式参与交流活动，可以用微笑、点头、拍手等体态语言给幼儿以鼓励，也可以用眼睛、摇头、扶肩等体态语言暗示那些未能很好进入谈话的幼儿，还可以简单发表个人见解或是对幼儿说话给予一定应答，作出反馈，这样对幼儿起到积极的影响。

三是教师要观察幼儿交流情况，了解他们运用原有交流经验进行交谈的状态，明了幼儿交流的水平差异。

步骤 3——教师引导幼儿逐步拓展交流分享的范围

在此阶段，教师通过逐层深入引领总结，向幼儿展示并帮助他们学习运用新的交流经验，使幼儿交流水平进一步提高。在这里需要特别指出，所谓新的交流经验，是幼儿要学习交流的思路和交流的方式，从而使环节目标具体化。教师组织这一环节时，要注意那种机械呆板理解"交流经验"的问题：不要把一种句式或几个词汇的学习与新的交流经验学习等同起来。每一次设计交流活动时，都应当根据语言教育的要求和交流活动的特点，寻求本次活动目标与新的语言经验点，力图从大的方面帮助幼儿整理交流思路，掌握一定的交流规则，获得一些适用于交流的交往方式。

具体而言，每一个交流活动向幼儿提供新的语言经验，必须注意两点：一是应在每个年龄班幼儿的原有交流水平上进一步扩展，例如培养幼儿倾

听的意识、情感和能力，在小班、中班和大班都应有不同的要求，落实到每一次活动中，应逐步加入新的倾听要求；二是各个交流活动的新语言经验可能有所侧重，如这次交流活动重点帮助幼儿学习围绕专题中心交流，下次则帮助幼儿延展新的话题交流。

步骤4——教师隐性示范新的交流经验

教师在此阶段向幼儿展示新的交流经验不是用显性示范（说给幼儿听，或用指示的方法要求幼儿怎么说），而是通过深入拓展的交流范围将这种经验逐步传递给幼儿。教师用提问、平行交流的方法，将新的交流经验引入，让幼儿在交流的过程中不知不觉地沿着新的思路去说，潜移默化地应用，最终学会这种新的交流经验。

总之，教师在组织这一步骤时，应当特别注意思考自己"说什么"和"怎么说"，因为此时教师说话的内容和方式，直接关系到幼儿对交流经验的学习。倘若教师准备不够充分，出现信口开河随便说说的现象或是干巴呆板无话可说的局面，都将直接影响此次交流活动的教育质量。

参考案例 1

活动名称：雄伟的万里长城（适合大班）

准备材料：

幼儿去长城游玩的照片；有关长城的图片、视频及相关宣传资料；展示外出游玩照片的展板；摆放与长城相关的物品

知识延展：

长城是世界文化遗产之一，也是与我国的泰山、埃及金字塔齐名的建筑。在遥远的两千多年前，是劳动人民以血肉之躯修筑了万里长城，成为人类建筑史上的奇迹。长城是中国古代人民智慧的结晶，更是中华民族的象征。

可引导的相关内容：

★认识我国其他的文化古迹。

★大胆地向同伴介绍自己的出游经历。

★收集有关长城的资料和图片并与同伴交流。

★利用废旧材料制作长城模型。

儿童发展点：

★激发幼儿对祖国文化的热爱。

★能利用废旧物制作艺术作品。

★能大胆地与同伴分享自己的假期见闻，能主动表达。

★通过自己的探索，了解学习的多种途径。

参考案例 2

活动名称：首都天安门（适合大班）

准备材料：

幼儿去天安门游玩的照片、有关天安门的图片、资料，天安门的模型等，展示外出游玩照片的展板、摆放幼儿带来的有关资料、升旗视频资料

知识延展：

天安门广场是世界上最大的广场。最初叫"承天门"，寓意"承天启运，受命于天"，是紫禁城正门。之前的承天门没有如今这么壮丽，只是一座三层楼式的木牌楼，牌楼正中悬挂"承天之门"匾额。后毁于大火，重修才大体成为今天的样式，并改名为"天安门"。

可引导的相关内容：

★说一说你知道的世界上的广场，知道天安门是世界上最大的广场。

★收集有关天安门的资料和图片。

★向同伴介绍天安门的升旗仪式。

★绘画：天安门。

★讨论：我们该如何尊重国旗。

儿童发展点：

★了解自己的家乡和祖国的首都。

★对祖国文化的热爱，体会身为中国人的自豪。

★ 愿意并能安静倾听同伴的讲解和介绍。

★ 能大胆的与同伴分享自己的假期见闻，能主动表达。

★ 通过自己探索，知道学习的多种途径。

★ 发现父母及身边长辈的不同职业，愿意了解他们的工作特点。

幼儿的经验分享需要建立在幼儿亲身经历的活动基础上，所以，这些回忆活动一般适宜在节假日后，教师则应抓住时机。如十一假期后、春节过后、五一过后等。幼儿除了分享旅游经验外，还可以分享美食、劳动等经验。

在短暂的离园前，幼儿如同品尝到了无比丰富的精神大餐，在充满自信的交流过程中，语言能力、操作能力、整理收集表达信息的能力在此环节中自然而然形成。

参考案例 1

活动名称：分享玩具（适合小班）

准备材料：

幼儿从家里带来的自己喜爱的玩具

游戏玩法：

请幼儿从家里带来自己喜欢的玩具与小伙伴分享，教师引导幼儿为小伙伴讲一讲自己带来的是什么玩具，为什么会喜欢这个玩具？引导幼儿找一找有哪些小伙伴带来的玩具是一样的？

知识延展：

"分享"对幼儿来说就是把自己喜欢的东西、体验到的情感以及劳动后的成果和别人共享，这是与人交往的重要方式，也是幼儿社会性发展的重要过程。幼儿的分享是幼儿之间团结友好、互相关爱的表现，也是幼儿不再以自我为中心的进步，更是融入群体的好方式。从小树立分享的观念，有助于幼儿建立良好的人际关系，习得人际交往的方法，建立健康的心理和健全的人格。

可引导的相关内容：

★认知分类、归纳（活动区延伸）。

★幼儿将小伙伴分享给自己的物品、食物带回家与家长分享。

★将自己的作品与小伙伴分享。

儿童发展点：

★喜欢与小伙伴分享、感受，体会分享玩具带来的快乐。

★感受获得知识的快乐。

★学会与小伙伴商量，懂得尊重朋友。

★学会爱护小伙伴的玩具。

参考案例 2

活动名称：好吃的比萨（适合中班）

准备材料：

比萨的图片、原料单与图片、制作过程照片、白板、磁扣

知识延展：

在意大利，比萨甚至受到了法律的保护，规定其必须由全麦面粉、番茄酱、白干酪、橄榄油、罗勒香料等加工而成。比萨是一种由特殊的饼底、乳酪、酱汁和馅料做成的意大利风味食品，同汉堡包、热狗、三明治、苹果派等均为快餐食品中不可缺少的一员。

可引导的相关内容：

★引导幼儿交流自己了解的有关比萨的饮食文化。

★结合食物图片，认识比萨的构成。

★了解各种配料的营养价值。

★引导幼儿尝试自制比萨。

★敢于尝试各种口味，尽量做到不挑食。

★将制作过程照片和文字投放到活动区。

儿童发展点：

★了解比萨的来源与文化。

★ 了解各种配料的营养价值、食物搭配的原则与重要性。

★ 激发幼儿的食欲，敢于尝试各种口味，改善幼儿偏食、挑食的行为。

★ 动手尝试自制比萨。

才艺展示类活动

这类活动同样是幼儿形成高自信和家长高期待的良好途径。因此教师要把离园过渡环节中的幼儿才艺展示内容放宽，包括幼儿自身特长优势：如唱歌、舞蹈、美术、乐器、武术、歌表演、街舞、小品演出、口技、童话剧等，凡是幼儿自认为个人能够得到小伙伴赞赏的一切活动，包括幼儿喜欢的一日常规活动：剪纸、捏泥、插接等都可以作为幼儿才艺在这个环节中进行展示。让幼儿博得周围伙伴的关注和喜欢，更多的是教师和成人的鼓励，从而感到心理愉悦，坚定把一件事情做下去的信念。因此，教师可为幼儿提供五分钟展示活动，充分表现。

教师必须注意，离园过渡环节中的才艺展示不同于培养未来艺术明星，也不是在发现艺术尖子，而是让幼儿在短短的展示活动中获得人生中自信的钥匙，同时也是引导幼儿欣赏他人、认同他人的好方法。展示活动不是为了显示个别幼儿最棒，而是形成"每个小朋友都是最棒的孩子"的意识，让幼儿八仙过海、各显神通；展示活动重要的不是凸显展示内容，而在于"展示"一词。幼儿的积极参与、伙伴的正能量欣赏、独特的展示过程、自信健康的人格特征等等，这些就是有利于幼儿一生成长的才艺，远远优于过人的技艺带来的核心教育价值。

如何组织

明白了离园前"展示"环节的真正意义，教师就要从以下三个方面来把握该展示活动的组织。

1. 做好环境、内容、时间、规则的充分准备，形成班级才艺展示的常规

教师要把此环节的展示活动默认为是一种常态化的自然展示，为幼儿形成一种自由、宽松、生活化的展示环境，教师在整个展示活动中除鼓励外，不做任何评价、推选，避免让展示活动成为选拔赛。如，教师明确规定：班级推出"每日亮相五分钟"的展示活动。按学号排序，自报名的优先。展示不限内容，每天一位小朋友进行展示。对于小、中、大班幼儿，教师可提前一天告知要展示的幼儿，让其有心理准备。教师也可根据幼儿要展示的内容做一些支持性准备工作，以保障任一幼儿的展示活动得到班级的集体重视。教师与幼儿一贯的坚持则形成班级展示的常规活动。

2. 做好家园沟通、支持鼓励、反馈互动的展示，形成展示活动过程的良好循环

幼儿展示活动需要得到家长的支持鼓励。教师需要把此项活动的目的、方法、规则等告知家长。在幼儿展示过程中，教师要有意识地引导其他幼儿给予掌声、拥抱、礼物、赞扬等体态及物质语言的支持。教师也可在班级固定角落里与幼儿共同准备"礼物百宝盒"，里面放有幼儿方便、喜欢的小礼物（可以是幼儿自己带来的，也可以是幼儿用心去做的），以备展示活动后，为幼儿提供鼓励。使展示活动做到沟通、鼓励、反馈集一体的良好循环。

3. 教师针对不同年龄班采取不同展示形式，做到因材施教的科学展示

3～6岁的幼儿，心理以及技能技巧的差异都很大。作为教师一定要充分尊重不同年龄班幼儿生理和心理的特点，采取适当的展示方式，才能达到效果。如：小班幼儿能力在尚不成熟的基础上，教师如果像中、大班的幼儿同样要求：提前预知，独立展示，无疑会成为小班幼儿的心理负担，不但不敢展示，还容易出现恐惧心理，这就要求教师在小班幼儿展示活动中可以时间随机、内容随机，而且可以由个体展示变为集体化、小组化展示，让幼儿心理有良好的适应期。而对中、大班幼儿来讲，展示活动让幼儿产生自我是英雄的期望，就可以独立展示，并提前让幼儿有任务意识，促进其良好学习品质的形成。

案例回放

独唱——小桃树穿上新棉袄（大班）

背景：

周一下午，教师有意识提醒王萧小朋友，周二要进行班级才艺展示，并与其沟通后了解到他想独唱班级中曾经教过的熟悉歌曲《小桃树穿上新棉袄》。教师为幼儿准备好歌曲的背景视频。

内容：

王萧自然地向小朋友报出自己的名字，展示歌曲的名字："大家好，我叫王萧。今天我给大家独唱歌曲《小桃树穿上新棉袄》，请大家鼓励我！"（幼儿集体鼓掌）

王萧唱歌的过程中，教师播放视频背景。因为是幼儿熟悉的歌曲内容，大家在王萧的带领下，几乎是合唱了该歌曲。王萧的声音随之变大，幼儿集体合唱后，提出要求："老师，再放一遍，我们还想唱！"于是，王萧又做了一次领唱。

分析：

展示的内容可以是大家熟悉的，也可以是自己独有的，目的在于引导幼儿高度的参与。在此展示活动中，《小桃树穿上新棉袄》是大家所熟悉的，但王萧的独唱巧妙地转换成了领唱，倾听和欣赏的小伙伴们把参与、同唱当成了最好的礼物献给王萧。在这个活动中，幼儿的影响力是共鸣的，情绪是积极的，幼儿艺术、社会、学习品质等素养均得到提升，使展示环节价值得到最大限度的发挥。

以上，我们对来、离园的过渡环节分别进行了论述并列举了适宜的活动。但同时来、离园的过渡环节有许多类型活动是相通的，比如引导幼儿进行服务性活动、播报类活动及交谈类活动。

服务性活动

教师可以为幼儿提供劳动的机会，如照顾自然角、值日生等。幼儿则根据自己的兴趣需要自主选择、自主参与。需要教师考虑的是，在最短时间段内完成最大价值的效果。

案例回放

整理与打扫（中班）

背景：

教师可充分利用晨检和晚离园前这个环节，为幼儿提供可选择的充足的劳动机会：区域活动材料的整理。让幼儿在整理打扫时，学习一定的劳动方法和技能，同时培养幼儿的劳动意识。

内容：

教师请来今天晚餐的值日生，"孩子们，看一看，咱们班的积木区乱七八槽。如果明天大家还想接着玩，今天就要自己收拾出来，在你们离开幼儿园之前，积木区应该很整齐哦。"点评：教师支持幼儿发现劳动任务，提醒幼儿要在离园前完成今天的劳动。

教师接着提醒："小飞，你今天从什么地方开始整理积木区呢？是从没有用到的零散积木还是从小汽车开始？"幼儿投入到劳动中去，并坚持收拾整齐。点评：幼儿知道了劳动地点和任务，但不一定知道劳动方法。这样的提示能帮助幼儿弄清从什么地方开始。

教师："咱们这些碎积木都有什么形状？怎样整理更整齐？"幼儿："放在不同的盒子里，我还能把碎积木拼起来，您看，我已经把两个三角的拼成了一个正方形的积木了！"教师在交谈中协助幼儿快速并愉快地完成了任务。点评：教师观察到幼儿已经投入整理时，适当提供支持与帮助。可以和幼儿一起做，过程中与幼儿协商整理的方法。

来、离园的过渡环节给幼儿提供劳动机会，适宜幼儿的情绪过渡。教

师做到这一内容的选择须具备以下两点教育智慧：

第一，能够引领幼儿自主发现劳动机会，寻求幼儿要完成的劳动任务。

幼儿一日生活中的打扫、整理活动或者其他服务性劳动很多，教师需要严格筛选和甄别哪些适宜幼儿自主参与，哪些是成人劳动，避免让幼儿形成劳动力和教师过度包办两个极端。因此，教师首先要善于在幼儿园班级里发现劳动契机。如活动区后的材料收放就是幼儿形成良好劳动意识的环节，往往幼儿在活动区后收拾不到位，教师就适当运用来离园过渡环节的时间段作为补充；其次，教师还可以培养幼儿发现生活中的劳动任务的意识。如晨间幼儿入园后的衣物是否叠放整齐、植物角的动植物照顾、值日生工作、幼儿桌椅的摆放等等。

第二，师幼共同关注、完成劳动任务，取得劳动成果。

一般说来，幼儿是不会主动熟悉劳动任务的，在来离园的过渡环节中，幼儿的兴趣点从众多可选择的内容转移到劳动上来，是有一定困难的。这就需要教师与幼儿共同明确、完成劳动任务。同时，教师要给予建议和支持，幼儿的劳动意识和劳动技能才能得以提高，才会由关注外界的劳动现象转移到心底里真正爱劳动、会劳动。

在一项劳动任务面前，很少有人是不在任何外界刺激下主动去做的，要么是形成劳动习惯，要么是得到正相关的鼓励，要么是受周围人的影响，逐步形成的。所以教师的引导非常重要。

案例回放

整理饭桌（小班）

背景：

小班幼儿陆续离开饭桌，保育教师在整理餐后饭桌。

内容：

教师和幼儿一起收拾饭桌。保育教师边做事情边说："小利，帮我拿一下湿毛巾。"点评：保育教师在和幼儿互动的过程中，让幼儿体验劳动的过程。

幼儿按教师要求，把湿毛巾递给教师："老师，给您"。

教师："谢谢小利，你递给我的毛巾能让饭桌的小脸变得干干净净的。"

点评：教师鼓励幼儿的劳动，为其他幼儿树立了劳动的榜样，并在这句话中暗示了劳动后的成果。

众幼儿有的说，老师，我给您拿水；有的说，老师，我给您搬小椅子；还有的说，老师，我给您拿垃圾桶。

分析：

小班幼儿易于模仿，在保育教师的鼓励和引导下，一起劳动成了一种很好玩的游戏。在此过程中，幼儿学会观察，参与劳动过程，积累劳动经验，体验劳动快乐。

参考案例

活动名称：装饰自然角

准备材料：

图片（小动物、花、草等）；工具（剪刀、画笔、彩纸、胶棒等）；废旧材料

知识延展：

"自然角"是幼儿认识自然的窗口，通常在室内、廊沿或活动室开设一角，饲养小动物、栽培植物、陈列实验品等，为幼儿提供与植物、动物亲密接触及观察、管理、动手操作的实践机会，开阔视野、激发好奇心，设计图片装饰、布置，让幼儿在"自然角"中获得小主人般的体验，培养对自然的兴趣爱好。

可引导的相关内容：

★话题讨论：如何设计自然角，用什么材料设计、装饰以及划分区域？

★利用废旧物制作花盆。

★丰富自然角吊饰。如，小鸟、太阳、风车等。

★收集自然角图片做成册子、书签等。

★利用废旧物制作小房子、小栅栏等，装饰自然角。

★通过装饰学习搭配。

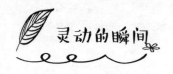

儿童发展点：

★ 培养初步的环保意识、增强动手能力。如，剪、粘、画等。

★ 通过绘画自然角，培养幼儿的想象力。

★ 通过话题讨论培养幼儿语言表达能力。

教师与幼儿共同劳动过程中注意观察，避免劳动机会不均衡。我们不难发现，往往主动参与劳动的是那些固定人群：来园早的，离园晚的，听话乖巧的。教师要有意识引导激发一部分比较"懒惰"的幼儿喜欢上劳动：可以运用榜样法，游戏奖励法，值日强制法，家园互动法。同时教师要注意劳动时间的均衡，哪些幼儿适宜早晨学习劳动，哪些幼儿适宜中午等等。这一内容教师不是很陌生，这里就不一一赘述了。

播报类活动

这里的播报类活动详指天气预报及新闻播报活动。

天气预报活动

请一名幼儿根据前一天晚上或当天早上从电视（或广播、报纸）上了解到的天气情况，向全班幼儿播报当日的天气情况。天气预报员可以轮流担任。

活动内容

天气预报的主要内容包括：预报天气情况（天气、气温、风力等）、制作天气预报图、记录天气情况和提醒大家应注意的事项。

指导要点

引导幼儿关注天气预报节目 教师要提醒幼儿收看或收听电视或广播中的天气预报信息，帮助幼儿养成自觉收看天气预报的习惯，提高对天气预报的敏感度。

鼓励幼儿联系生活经验进行讲述 教师要善于引导和激励幼儿活动的兴趣，不断丰富幼儿的口语表达。这项活动还可以和记录或制作天气预报图等结合起来，让幼儿根据记录向全班小朋友讲解当天的天气情况。

提高活动的吸引力 为增强活动的主动性，教师应帮助幼儿制作一些可供值日生操作使用的图片或图标等，让幼儿一边操作材料一边预报天气，必要时还要请一两名幼儿协助值日生完成天气预报。

让每个幼儿都参与活动 天气预报的内容比较简单，表达的方式也有相对固定的模式，可将其作为值日生的一项必不可少的任务，教师应让幼儿轮流当值日生，由值日生轮流预报当天天气，尽量让每个幼儿都有机会参与天气预报活动，培养幼儿的任务意识。

加强个别指导 对口语表达能力较差的幼儿，教师有必要帮助他们整理当日天气情况资料，组织语言，以便使他们顺利地进行天气播报，增强其自信心。

参考案例

活动名称：天气播报（中班）

准备材料：

各种天气图片、白板、磁扣等

知识延展：

天气现象是指发生在大气中的各种自然现象，即某瞬时内大气中各种气象要素（如气温、气压、湿度、风、云、雾、雨、闪、雪、霜、雷、雹、霾等）空间分布的综合表现。天气现象的种类就有：晴、多云、阴、阵雨、雷阵雨、雷阵雨伴有冰雹、雨夹雪、小雨、中雨、大雨、暴雨、大暴雨、特大暴雨、阵雪、小雪、中雪、大雪、暴雪、雾、冻雨、沙尘暴、小到中雨、中到大雨、大到暴雨、暴雨到大暴雨、大暴雨到特大暴雨、小到中雪、中到大雪、大到暴雪、浮尘、扬沙、沙尘暴、强沙尘暴、特强沙尘暴、轻雾、浓雾、强浓雾、轻微霾、轻度霾、中度霾、重度霾、特强霾等。

可引导的相关内容：

＊关注中央电视台的"天气预报"节目，让幼儿了解有关天气的情况。

＊引导幼儿懂得一些气象变化和动物习性变化之间的关系。

＊让幼儿了解天气、季节的变化对生活的影响。

＊让幼儿学会生活，学着结合天气增减衣物，照顾自己和他人。

＊每日天气播报，提高幼儿的语言表达能力和大胆在众人面前讲话的能力。

儿童发展点：

＊知道一些气象变化与动物习性变化之间的关系；

＊能根据动物的特殊表现来推断并预报天气；

＊激发幼儿的好奇心、表现欲，提高其探索天气奥秘的兴趣，萌发幼儿爱科学的情感。

新闻播报活动

新闻播报即幼儿模仿电视中"新闻报道"的方式向全班幼儿交流其看到、听到的有关内容。新闻播报活动综合性较强，对幼儿的口语表达能力要求较高，比较适合在大班开展，也有少数简单的节目内容可在中班或者小班开展。新闻播报活动可以一天进行一次，也可以一周播报一次。

活动内容

新闻播报的内容可包括：介绍重大活动、重大发明或重大事故；播出一则文娱信息；播报早中晚饭菜单；介绍一本新的幼儿读物；发布个人见闻；发布交通信息；发布旅游信息等。

指导要点

鼓励幼儿积极参与、自主选择播报的形式和内容 新闻播报的内容丰富多彩，教师无需限定题材和人选，应鼓励每个幼儿积极参与，大胆地在集体面前播报。

将个别辅导与预约播报的方法相结合 新闻播报的语言要求简洁明了、

生动有趣、不重复，所以教师要及时地进行个别辅导，有针对性地帮助幼儿整理新闻的素材。

参考案例 1
播报类之新闻

活动名称：**科学知识——火星将冲日 中国各地都可看到（大班）**

准备材料：

火星、太阳、地球的图片，火星冲日的视频等

知识延展：

火星是太阳系八大行星之一，是太阳系由内往外数的第四颗行星，直径约为地球直径的一半。火星的名字源于它的铁锈色外表，它的表面有许多含大量红色氧化物的沙漠。火星有明显的四季变化。以前我们认为火星上有火星人，但探测器在上面没有发现生命存在的迹象。火星是地球上人类可以探索的距离较近的行星之一，人类对火星的探究充满了浓厚的兴趣，火星可能是人类继月球后踏上的下一个星球。

可引导的相关内容：

★一起认识宇宙中的几大行星，记住它们的名字。

★与父母一起搜集一些有关行星的小知识，并与同伴相互交流。

★绘画自己想象中的其他星球的样子。

★将行星的照片和宇宙位置图贴于班中，供幼儿进行欣赏和讨论。

★和幼儿一起看北斗七星等有特点的星星分布，并给幼儿分配任务，晚上进行观星象活动。

★展开讨论活动。如奇思妙想：我们将来的家——火星。

儿童发展点：

★对宇宙探索有兴趣，敢于大胆畅想。

★扩大对火星的认识，初步感知火星与地球的关系。

★愿意与同伴相互探讨科学知识。

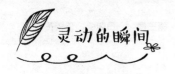

参考案例 2

播报类之食谱

活动名称：**冬季补钙食谱（中班）**

准备材料：食谱照片、白板、磁扣

知识延展：冬季的北方天气寒冷，晒太阳的时间减少，易引起维生素D缺乏，从而影响钙质的吸收，所以要多吃牛奶、鸡蛋、芝麻、排骨汤、海带等，这些食物中都含有丰富的钙质。

可引导的相关内容：

★引导幼儿了解冬季需要补钙，应多吃补钙的食物。

★结合食物图片，认识各种补钙食物。

★了解各种食物的营养价值。

★了解食物搭配的原则与重要性。

★敢于尝试各种口味，尽量做到不挑食。

★将菜谱照片和文字投放到活动区。

儿童发展点：

★了解各种食物的营养价值、食物搭配的原则与重要性。

★激发幼儿的食欲，敢于尝试各种口味，改善幼儿偏食、挑食的行为。

★认识各种食物外形及其名称、文字。

参考案例 3

播报类之外出活动

活动名称：**蓝天城职业体验（中班）**

准备材料：

不同工作场所图片、幼儿参与不同职业的照片、小讲台、小话筒、不同职业的服饰、画笔、画纸、故事

知识延展：

蓝天城是职业体验教育中心，让幼儿以角色扮演的方式进行各种职业体验，在实践的过程中认知社会、品尝工作的快乐、培养克服困难的勇气、

提高各方面的素质。家长也将参与其中，在互动中增进对幼儿的了解。

可引导的相关内容：

★引导幼儿通过认真倾听发现特殊工作，并能够发现其特殊性的原因。

★出示服装照片，幼儿大胆说出是那种工作的服装。

★观察鼓励幼儿自己画一张自己参与某种职业的照片，并介绍给同伴。

★讨论：我知道的职业？我喜欢的职业？长大后我想做什么？

★说出自己父母的职业。

★鼓励幼儿收集职业道具，引导幼儿在班中开展简单的职业体验。

儿童发展点：

★愿意表达自己对不同职业的理解，并能够将自己的职业感受清晰地表述出来。

★能够使用简单的职业用语进行游戏，丰富幼儿的词汇量，提高交往能力，增强服务意识。

★喜欢参与讨论活动，在讨论过程中，能够大胆说出自己的想法，说话自信。

★了解不同职业间的密切联系，体会社会的紧密联系。

★能够遵守社会规则，增强规则意识。

★发现父母及身边长辈的不同职业，愿意了解他们的工作特点。

参考案例 4
播报类之好人好事

活动名称：**丁丁节水（小班）**

准备材料：

因缺水而导致的一些不良后果，节水好方法，节水的小发明，美丽湖泊、瀑布、河流，水中自由游动的小鱼等图片，身体中液体的循环视频，大红花一朵

知识延展：

水是世界上最廉价最有治疗力量的奇药。当感冒、发热时，多喝开水

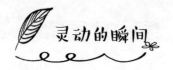

能帮助发汗、退热、冲淡血液里细菌所产生的毒素；小便增多，有利于加速毒素的排出。睡前喝一杯水，美容功效非常大。睡着后，水就能渗透到每个细胞里。细胞喝饱水皮肤也饱满。

在未受污染的地方，干净的雨水可以去病，尤其是夏天的，它又叫无根水。但城市污染严重，雨水不能喝。

可引导的相关内容：

★播报好人好事：盥洗室的一个水龙头在滴水，丁丁用美工区的胶带去粘龙头。进行献花活动，给爱惜水的丁丁进行颁奖，再次对此行为进行肯定。讨论水龙头坏了怎么做最好。

★和幼儿一起欣赏美丽的湖泊、瀑布、河流等，感受水在我们生活中提供的美的环境。

★请幼儿看视频，了解人体是如何利用水帮助我们身体正常运转的。

★请幼儿讨论如果缺水了，我们的生活中会有哪些不便。

★我们看到有浪费水的现象时，你会怎么做？讨论并请幼儿以小组形式画成连环画。

★请幼儿尝试进行无土栽培，体验水带给周围事物的生命力。

儿童发展点：

★激发幼儿的环保意识，落实节约用水的行为。

★提高幼儿探索水特性的兴趣，了解水对我们人类的重要性。

★培养幼儿欣赏身边美的事物的意识。

交谈活动

过渡环节的语言教育就是全方位、多角度地为幼儿提供丰富而宽松的语言交际环境，鼓励幼儿主动地进行集体、小组或个别交流，以形成积极的语言交往态度和良好的语言交流习惯。

交谈的含义

幼儿一方面在教师为其创设的口语交际情境中，围绕一定话题，倾听他人意见，表达自己的思想；另一方面又主动、积极地与教师和同伴进行随机性的语言交往。

交谈的特点

1. 语言的情境性

要求幼儿针对不同的对象、场景和自己承担的角色不断地调节自己的语音、语调、说话的内容和方式等。

2. 时间的不确定性

我们在幼儿来离园过渡环节中提出这一交谈活动，是因为这种交流在这两个环节中突出些。事实上幼儿在一日生活的各个环节中，交谈都是不可避免的。所以，它具有很强的突发性和随机性，它往往是由毫无准备的双方自然而然地发生口语交际。如，两个幼儿偶尔摸到同一玩具，便兴致勃勃地攀谈起来；某一事物同时吸引好几名幼儿共同探究，从而引发了他们的随机交谈；也有的是幼儿毫无准备的情况下，由教师确定某个话题后提出问题，让幼儿进行回答。

3. 信息的多向性

日常交谈是一种多方位的语言交流。成人和众多幼儿的参与，不仅带来了个体间丰富多彩的生活经验与感受，使每个幼儿获取的信息量增大，内容更丰富，而且幼儿表述这些经验和内容的语言形式也丰富多样。同时，教师与幼儿，幼儿与幼儿之间的交谈，还大大丰富了语言交流的方式。

4. 交谈氛围宽松自由

一是交谈中不要求幼儿有统一答案和有一致的思路，可以根据自己的感受自由地发表见解；二是不特别要求幼儿使用规范化语言。成人在交谈活动中鼓励幼儿积极说话，充分表达个人想法。

交谈中的指导

针对交谈这种具有较强自发性、随机性的交流方式，要想发挥幼儿语言发展优势，教师应该运用以下指导策略。

1．把握随机性谈话的契机

引导幼儿相互说说路上看到的事情，讲讲前一天晚上看过的电视节目或图画书，或观察班上喂养的小动物，启发幼儿讲述身边的事物和现象。洗手时，教师让幼儿边念"挽起袖子来洗手，轻轻拧开水龙头，淋湿小手抹肥皂，两手对在一起搓，搓手心，搓手背，手上肥皂清水洗……"的儿歌边洗手；进餐时，向幼儿介绍食物的名称，吃完后，让幼儿说说菜的味道；游戏中让幼儿说出玩具和游戏动作的名称，有礼貌地征询玩伴的意见，并鼓励幼儿用幼儿语言调节角色间的关系等。

教师还要随时发现日常生活中的教育契机，并善于挖掘幼儿感兴趣的热门话题：如请外出归来的幼儿讲讲自己的见闻；请大家说一说今天谁缺席，并猜测原因；还可以议一议周日的趣事；若遇天气异常，就让幼儿描述天气的变化或说说雨景、雪景等。

正是这些司空见惯的日常生活活动和有意挖掘的机会，给幼儿提供了活生生的语言情境，久而久之，幼儿的语言能力便在这些情境中不断得到训练和提高。

2．创造执行语言指令的机会，提高理解力

幼儿日常生活的组织离不开生活常规的建立。教师应在帮助幼儿建立生活常规的过程中，提高幼儿理解语言并按言语指令行动的能力。如幼儿入园后要求幼儿自己将小椅子搬到餐桌前，并先如厕、洗手，再进餐；进餐时要求幼儿不讲话、不撒饭、不挑食；游戏后，要求幼儿收拾整理玩具和材料等。常规建立的开始阶段，幼儿不一定能理解这些指令，这时，教师应该把这些指令与相应的行为训练结合起来。

3．创造多向互动的情境，营造语言交谈的氛围

交谈的表现形式和组织方法

1. 教师与幼儿的交谈

师幼之间谈话应称为一种有效的沟通，有可能是群体也有可能是个体。

案例回放

早操后，幼儿准备回去进行早餐的自由时间。

教师走在队前，手领着小锦小朋友。

教师：小锦长大了想干什么呢？

小锦：我长大了想当医生。

教师：为什么呢？

小锦：因为这次地震我看到许多和我们一样大的小朋友都死了，很可怜！所以我想长大后做医生，就会救许多小朋友，让他们和我一样开心。

教师：想法很好啊，而且对地震的事情知道得很多啊！

小锦：我每天回家和奶奶一起看新闻，看到很多小朋友都受伤了，有的都死了，我都哭了。

师幼交谈要从四个方面做：

师幼平等，有听有说 实际生活中，幼儿园的师幼互动质量并不是很高，教师常习惯于自己讲幼儿听，很少顾及幼儿的想法和感受。谈话双方，要时时变化"听"和"说"的角色，幼儿的思维方式才不会是教师思维方式的迁移，才能真正地自主思维，才能有自主的言语活动。

为幼儿提供有效的语言示范 教师要加强自身的语言修养，同时注意把握示范的时机和力度。

耐心倾听幼儿谈话，及时给予鼓励和纠正 教师与幼儿的交谈应是一种温馨的、亲子式交谈。要求教师以母亲般的爱心、耐心和细心倾听幼儿说话，尤其是当幼儿主动发起谈话时，教师应倾注极大的热情去倾听，切

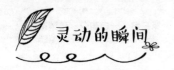

不可以冷漠的态度对待幼儿，破坏幼儿说话的愿望。交谈中，教师要关注幼儿的语言表现，适时地给予积极的回应与指导。如随时鼓励幼儿积极地说话态度、正确的语言行为和习惯，而在幼儿表达中出现了词不达意或语句欠准确的情况时，不要急于或刻意加以纠正，而是巧妙地加以引导，从而使幼儿的口语日趋成熟。

努力提高与幼儿言语沟通的技能 教师要掌握关注幼儿的兴趣并巧妙引入谈话、形成交谈热点的技能；掌握运用提供信息、提问、评议等方式引导幼儿持续谈话热情的技能；掌握适时地结束或转移话题，给幼儿留下谈话余兴或引出新的谈话热点的技能。

案例回放

晨间来园后，佳佳（指着三叶草）：老师你看，这个草的叶子真好看！

教师：为什么觉得它好看呢？

其他幼儿都围了上来。

乐乐（仔细看了看叶子，还数了数）：因为它有三瓣！

佳佳：它的叶子平平的，小小的，所以我觉得好看！

波波：好像一把小伞呢！

阳阳：嘻嘻……那就拿给小蚂蚁打吧！

教师：呦，孩子们想得真好，那我们看看这儿还有什么样的叶子，可以给哪些小动物当伞，好不好？

接下来，幼儿和教师发现了很多有趣的树叶，并热烈讨论可以给谁当伞。

在这个情境中，教师很自然地用提问的方式引发幼儿谈话的热情，同时保护了幼儿对周围事物关注的兴趣。

2．幼儿与幼儿的交谈

这是幼儿之间围绕感兴趣的话题进行的一种语言沟通与交流。

案例回放

早晨来园的两个幼儿，手里拿着自己从家中带来的玩具。

雨晴：你的是什么呀？

果果：战斗机啊！它很厉害的，你的玩具叫什么名字？

雨晴：那我的是奥特曼战斗机，比你的更厉害，你看，比你大……

果果：那我就是变形金刚战斗机，它比你的会变……

这是幼儿与幼儿之间相互交流与沟通的方式。由于幼儿之间年龄相仿，认知水平相近，他们交往起来特别投入。事实表明，幼儿邻座之间、玩伴之间、组内同伴之间用说、文、评、议等方法进行相互作用与交流，有利于幼儿主动地创造和调整自己的语言，促进语言的共同提高。

在现实的幼儿园实践中，要促进幼儿之间的有效语言交流，教师需要特别注意以下三点：

常给幼儿使用语言解决问题的机会 幼儿交往的过程中产生矛盾和争执是很正常的，这时，教师不必因担心或紧张而一语定案，应该给幼儿尝试运用一定的语言技巧来协调解决实际问题的机会，帮助幼儿在主动地协调中成为语言的建构者。如两个幼儿在游戏中为争同一块积木发生了矛盾，一方想从对方手中要回属于自己的积木，另一方则千方百计地要保住积木不被拿走。相互作用过程中，他俩用威胁、警告、协商、诱惑、说明原因、提出条件、转移注意等多种语言表达方式不断地调整自己的语言，并利用这种调整去调节对方的行为，以达到自己的目的。

不要随意打断幼儿之间的谈话 要使幼儿说话文明、有礼貌，教师就要力求使自己说话规范、内容健康。在对待幼儿说话的态度上要善于及时反馈，不随意打断幼儿的说话，特别是在个别幼儿说话不清楚，东一句西一句，断断续续不连贯时，不要表现出不耐烦和不想听的态度，甚至打断他的说话，这种消极、生硬的态度很有可能被幼儿所模仿而形成一种不礼貌的行为。因此，教师不仅不能随意打断幼儿之间的谈话，而且要善于引导幼儿养成不打断他人说话和不插嘴的良好习惯。教师还要善于利用幼儿

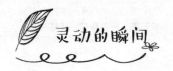

的同伴交往来发展幼儿语言，让幼儿在讨论中学会听和说；在争执中学习围绕话题使用辩论性语言；在聊天中学会使用问候性语言、叙述性语言和描述性语言；在交往中学习表示请求、感谢和歉意等礼貌用语，使幼儿在与同伴的不断相互作用中修正和完善自己的语言。

不要一味强调活动室的安静来阻挠幼儿交谈 如早晨陆续来园或午睡起床以后，幼儿常常会唧唧喳喳说个不停，有的招呼同伴，有的小声交谈，有的在唱儿歌、讲故事，有的请求教师帮助。教师应提倡幼儿积极说话的态度，以促进同伴间的自我模仿和相互交谈，而不是过多限制。同时，还要充分利用一日活动的过渡环节，鼓励幼儿自由结伴、海阔天空地"聊"，或引导幼儿就某一话题展开争论，大胆发表自己的见解，敢于提出质疑，充分感受交谈的乐趣。

3．促进群体之间的互动

群体之间互动是指两个或多个幼儿群体之间积极、主动地交流与沟通。这是一种层次更高的互动，因而对幼儿的要求也更高，因为每个人都是群体中的一分子，在群体中可以增强幼儿的集体观念，培养幼儿相互关心、相互帮助的态度，提高参与意识、竞争意识和交往能力。

教师可以采取小组与小组互动的方式，组织中大班幼儿进行讨论、打擂台或辩论等。如教师可组织幼儿欣赏大学生唇枪舌剑、针锋相对的辩论场面，懂得辩论不仅要善辩、巧辩，更要以理服人。在此基础上，寻找一些诸如"男孩好还是女孩好"、"胆大好还是胆小好"、"喜欢冬天还是夏天"、"小孩子和老年人的相同点和不同点"等幼儿喜欢并能发挥的题目，让幼儿辩论。这时，为了"小组"这个群体的荣誉，幼儿就会集中注意力倾听对方的发言，快速讨论和组织反驳材料，及时应答，并依靠大家的智慧和行动去赢得胜利。

这些幼儿群体之间的互动会对幼儿提出更多的挑战，也会使幼儿在交往语言建构中更多地受益。

幼儿在来、离园的过渡环节时间段内，兴趣和情绪容易受周边物质和人为环境影响，个别性和选择性相对大，所以我们尽量多角度地为教师提供组织这两个环节的思路及内容支持：探究类活动、劳动类活动、经验回忆类活动、播报新闻及天气活动、才艺展示类活动、日常交谈等等。

需要教师明确的是，这些内容和策略不是在这个环节中进行梳理和说明，就只能在这个环节运用，而是需要教师根据园情班况及工作需要，有效选择最佳方式，也可在其他过渡环节中合理借鉴，如日常交谈这类活动是适宜运用在很多环节中的。教师在对幼儿进行一日生活组织时，要有备且有智慧，有心且有招数地达到幼儿科学合理地度过每一个环节。

温馨提示：

1. 来、离园的过渡环节保证幼儿自信、愉悦的状态。

2. 为幼儿提供展示的各种机会。

3. 教师尽量关注到每一名幼儿的进步，做到心中有数。

第4章

饭香悠悠　舒缓安静

—— "三餐两点" 前、后过渡环节

　　"三餐两点" 是幼儿在园生活活动的重要组成部分。有目的地运用符合幼儿年龄段特点的方式方法，科学的组织此环节，不仅有助于培养幼儿养成良好的进餐习惯、生活习惯和基本能力，促进身心和谐健康发展，也有助于班级良好常规的建立，幼儿方便，教师轻松。

餐前过渡环节

幼儿在园的一日生活中"三餐两点"必不可少，因此进餐的过渡环节也就成了重复频率极高的环节。餐前过渡环节需要教师在进餐前的半小时内，既要保证幼儿的情绪良好，又要培养幼儿的生活常规，同时还要能够科学合理地选择适宜的餐前活动。

这个环节在"安静"的前提下，要考虑两个要点：空间与时间的把握和保教结合的内容选择。

安静

餐前的安静活动就是让幼儿情绪平稳，这样符合幼儿生理状况。教师可随机安排一些操作性活动以便于幼儿放松，如：翻绳、串珠、拼图等。这类操作活动，教师要考虑便于幼儿拿取、收放的位置。

空间与时间

这个环节中教师需要首先把幼儿的身体发展，良好的生活、卫生习惯的培养放在首位。因此，教师要考虑好活动内容的设置是否符合时间、空间安排。根据班级硬件环境的创设——盥洗室的位置、幼儿盥洗所需物品的提供与摆放，来合理安排餐前活动的区域及内容。

在合理的时间引导幼儿离开室内餐桌，避免影响餐前的消毒工作；利用合理的空间设置引导幼儿利用离盥洗室较近的楼道或周边区域，如阅读区，益智区等安静区域。

教师在进行餐前环节处理时，心里一定要有时间意识，注意与进餐活动的衔接。

保教结合

餐前过渡环节内容的设置必须要考虑到保教结合。培养幼儿良好生活习惯的同时，要抓住时机向幼儿进行科学合理的教育。因此，教师在餐前活动前设置安排活动时，可以考虑安静的桌面游戏及阅读活动。

安静的桌面游戏

所谓"安静"只是相对而言，教师可以为餐前活动特意设置一个小小的安静区。这个区可以备有图书和小型操作游戏的材料，在这里，幼儿有机会独自一人或和同伴一起活动。他们玩一些简单的规则游戏或创造性的游戏。如，进行拆接、排列、分类、匹配、比较、制作等不同的活动，或者看图书、听故事，并在理解书中内容的过程中编出他们的故事。

不同年龄班的幼儿能进行不同难易程度的操作。就拿幼儿在餐前的安静区练习小肌肉动作技能举例：小班幼儿刚刚学会简单的拼图，往往会一遍遍地拼，然后才会去面对下一个挑战；中班幼儿则会在拼的过程中改变拼图的方法，可能会把拼板放在盒子外面拼，把图案倒过来拼或用笔把拼图的形状描在纸上；大班幼儿自己制作拼图，或把纸面具和积木组在一起玩，或替代操作材料——木珠当做钱币，小插片当做装饰，木钉当做蛋糕蜡烛等……

安静区的环境设置

◆餐前安静区的地点可以标出明显的餐前安静区标志，确定安静区范围；安静区的确定范围不适宜过于封闭，要方便幼儿看到材料，进行选择。

◆餐前安静区需要有能让幼儿摊放拼板、串珠和小型积木的地方，因此可放置一张小小的桌子和几把小椅子，作为供幼儿选择活动的地方。有很多幼儿在这个时段喜欢放松，喜欢趴在地上玩，所以除了一张桌子外，教师还可以铺上地毯，幼儿可以选择在桌上或是地上，这样的创设让幼儿感觉更宽松。

◆在餐前安静区也可留一块地方放置一个坚实的拼图架，这样不至于幼儿把拼图底板和拼板块散落四处。拼图架可以和美工区的纸张架一样，不宜太高。

◆相同的安静区材料应该放在一起或紧靠在一起，放材料的地方或容器应贴有标记，如轮廓线、图片、照片或真实的物体。要求幼儿活动后归回原处，在这个区，避免为幼儿投放只能观看而不能操作的精致电动式玩具。

餐前的安静活动多数是桌面操作玩具，以动手操作、益智类玩具为主，幼儿在选择这些活动作为过渡内容时，教师要掌握玩具的操作玩法、玩具对幼儿的智力开发目标。

如何指导

在游戏过程中，教师巧妙观察幼儿玩具情况，适时、适机的引导，除了陆续观察幼儿学习能力的同时，注意培养幼儿操作玩具材料的良好习惯。

如何指导幼儿进行桌面游戏呢？可从以下几点来把握：

1. **熟练把握幼儿年龄特点相对应的操作玩具**

如拼图的数量与种类，串珠的大小与种类，拼插玩具的种类等。关于操作玩具相对应的年龄可参考《北京市幼儿园玩具配备》一书。

2. **熟练操作每一套操作玩具的玩法，才可能对幼儿操作材料起到支持作用**

教师可以与幼儿一起进行操作，在自己游戏的过程中起到示范作用；教师可以利用玩具说明书、操作步骤图等图文并茂的区域环境布置来引导幼儿学习玩具的操作方法。

3. 利用鼓励、暗示的方法坚持不懈地要求幼儿按顺序、按方法进行收放桌面玩具材料。

参考案例1

活动名称: 拼图游戏——推理拼图(根据拼图难易程度适配不同年龄班)

准备材料:

推理拼图玩具、操作板、拼图内容故事书、拼图内容照片、记录册

知识延展:

推理拼图是以循序渐进的方式来展示事情发展的过程。它使幼儿获得关于物体结构和造型的知识,培养其平面组合的能力。在寻找线索、拼摆的过程中学习推理事情的发展,掌握顺序、秩序等逻辑概念,通过组合得以验证,建立了做事的成就感。

可引导的相关内容:

★通过推理,层层拼图,了解有关拼图内容方面的知识。

★点数每层拼图的拼块数量并用数点或数字记录。

★可在教师或同伴的提示性语言下,拼摆完成画面。

★可以根据拼图完成后的画面讲故事。

★可将拼摆完成后的作品向同伴分享,介绍经验。

★讨论:生活中还会有哪些意外伤害事件?发生时应该怎么办?

儿童发展点:

★发展幼儿推理能力。

★通过分享、交流作品,发展幼儿的语言表达能力。

★培养幼儿的观察力、逻辑思维能力以及手眼协调能力等。

★在拼摆过程中,锻炼了幼儿的坚持性。

★培养幼儿对事物发展顺序的认知。

参考案例 2

活动名称：拼图游戏——皮筋创意拼图（适合中班、大班）

准备材料：

皮筋创意玩具、拼板、建筑物图片、彩笔、记录表

知识延展：

皮筋创意拼图可以通过变换皮筋造型变化出许多图形。皮筋创意拼图游戏可使幼儿抽象思维与形象思维新颖、灵活地结合，有利于其创造性思维和创新能力的形成与发展。对思维力、想象力、图形分析、创意逻辑等方面有很大的促进作用。

可引导的相关内容：

★作为图形认知的课后巩固材料。

★按图拼凑：参照建筑物图片，用皮筋表现各种建筑物的特征。

★通过游戏实践，认识皮筋的弹性特征。

★通过调整皮筋的长短，发现研究长短、距离等数学概念。

★可用图形统计的方法，将拼后的图形数量和种类记录下来。

★请幼儿将拼成的图形进行交流讨论，与同伴分享有益经验。

儿童发展点：

★体验拼摆组合的乐趣，提高幼儿对形状的认识。

★通过拼摆图形，发展幼儿想象力、创造力和观察力。

★通过与他人的交流讨论，培养幼儿语言表达能力。

参考案例 3

活动名称：拼图游戏——立体组合式拼图（较适合大班）

准备材料：图形卡、拼图块、双面胶

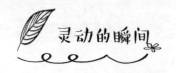

知识延展：

　　立体组合式拼图主要以各种硬质纸片图案拼摆而构成，拼合后的物体整体呈现出丰富的立体感。可以使幼儿通过动手操作进一步地深入感知抽象的空间概念，有利于其创造性思维、逻辑思维及空间认知的发展。除此之外，可以训练幼儿观察力和做事的坚持性，帮助幼儿大胆尝试努力克服困难。

可引导的相关内容：

　　★在课程认知空间几何图形结构后，进一步在游戏拼摆中巩固空间及立体结构的转换认知。

　　★以合作的形式，通过幼儿间的相互沟通，共同探讨完成拼图。

　　★运用手工技能，将小积木拼接成各种立体的形状、图形。

　　★采取比赛计时形式进行，学习认识时间，培养合作、竞赛的意识。

　　★可作为积木区的辅助材料，创设建筑区的环境。

　　★运用插好的拼图进行角色游戏。

儿童发展点：

　　★培养幼儿的逻辑思维能力与立体组合的概念。

　　★培养幼儿细致观察力和耐心。

　　★锻炼小肌肉的灵活操作能力。

　　★学习解决问题的方法，建立自信心。

参考案例 4

活动名称：拼图游戏——磁力美术拼图（根据不同年龄班幼儿特点选择不同难易程度的拼摆方式）

准备材料：

各种磁性拼块（共 55 片）、45 张不同的设计卡片、磁性白板一个

知识延展：

磁力美术拼图是多种彩色的磁性拼块附着在金属板表面玩的一种拼图。由磁性白板、设计卡片和各种有磁性的、形状各异的部件及易于使用的画架组成。可以依据卡片上的设计图样拼图，也可以发挥自己的想象设计拼图。利用简单的几何形状，拼砌出各种图形，培养幼儿的想象力和创造力，也对发展认知、排列和配对等基本技能起着重要作用。

可引导的相关内容：

★可将拼完的作品，用绘画的形式记录下来。

★幼儿之间进行交流讲述自己的拼图作品。

★引导幼儿观察并讨论：设计卡片与生活中的实物形状之间的联系。

★在拼图过程中，辨认不同的图块颜色、欣赏色彩搭配及拼摆构成的美。

★可用相同数量的拼块，创作出不同的作品。

★从观察与判断中学习分类，学习顺序、秩序及逻辑的意义。

儿童发展点：

★增进手眼协调能力的发展。

★通过拼摆，发展幼儿的想象力、观察力和创造力。

★体验拼摆组合的乐趣，培养幼儿形状分析的能力。

★培养幼儿对事物的表达能力。

教师在餐前过渡环节不过于干涉幼儿的游戏情况，给幼儿提供充足的休闲、选择、愉悦的空间，更好地促进幼儿进餐环节的顺畅，保障幼儿一日生活中的自然过渡，充分满足幼儿的个性发展，形成自主、主动的生活环节。

餐前过渡环节对幼儿身心发展有重要影响。教师可根据班级方位合理安排餐前过渡环节，以保持幼儿愉悦的心情，培养幼儿形成良好的规则意识，自信、互助、倾听和表达能力同时也都得到均衡发展。

阅读活动

　　阅读活动也是餐前安静活动的好选择。许多幼儿在上幼儿园之前就已经喜欢阅读活动了，他们喜欢听故事、看图书，在这种环境中，幼儿会用自己独特的阅读方式感受文学作品。图书里有丰富的情节、丰富的想象，所以贴合幼儿的需要。幼儿深入情境中，会安静的自我陶醉，欣赏文学作品的意境，容易提高幼儿对文学作品的兴趣。这种快感直接来源于幼儿感官，对幼儿接下来的进餐活动有着积极促进的作用。

如何指导

1. 阅读氛围的营造和阅读材料的投放

　　图书角的布置要舒适和令人向往：可在一个角落里铺好软软的地毯，有两个可以靠的温馨枕头或软垫，有高度适宜的书柜和自制的小书箱（书箱要有明确的分类标识，方便把书一本本地插在一起），存放各种类型的书并定期更换。这些书可包括：图画书、故事书、与郊游和参观有关的书，与个别幼儿的特别兴趣有关的书，如诗集、歌本、照片集等，还有根据幼儿说的故事而编成的书。

　　教师具体为幼儿选择阅读材料应注意以下基本标准：

　　◆内容方面

　　是否是幼儿感兴趣的。

　　是否对幼儿有启示作用。

　　是否属于优秀的文化，涵盖认读教育、历史教育、文学阅读教育、自然常识教育、道德伦理教育等。

　　◆种类方面

　　运用多种感官的视听资料：磁带、光盘、幻灯片等。

来源于周围生活的社会性资料：广告、符号、标志等。

便于操作的活动性资料：文字拼图、图文接龙等。

展示自我的幼儿自制资料：自己制作的图书、自录录音带、标志、工具书、幼儿自己创编的故事等。

生动有趣的象形资料（异形图书）：体现长颈鹿特征的"长形书"、教你怎样煎鸡蛋的"蛋形书"等。

起参考作用的工具材料：各种图文并茂的动物知识宝典、交通工具知识图典、花卉知识图典、用具知识图典等。

◆ 形式方面

材料的外观形式，是否色彩丰富、形状各异等。

材料的操作形式，是否具有方便性、灵活性、可变性，是否刺激幼儿多种感官，是否利于师幼、幼幼、亲子共同活动等。

构图是否美观，是否便于幼儿观察、想象。

◆功能方面

能提供大量的运用阅读基本技能的机会。

能帮助幼儿理解阅读在现实生活中的价值。

能激发幼儿与他人的交往。

对幼儿今后的发展有潜在的积极影响。

餐前的阅读活动不等同于日常教学中的语言阅读活动，区别在于：过渡环节的阅读活动中幼儿的自主和随意性比集体教学中的阅读活动要大得多，没有教师集中的目标控制，更没有固定的教学模式。一般以幼儿自己阅读为主，安静、愉悦即可。

2. 为幼儿诵读故事、诗歌等

越是年龄小的幼儿越喜欢教师读故事。教师应让幼儿有机会选择所读的内容、回答幼儿的提问，注意听他们的评论。

为幼儿选故事应该注意什么？

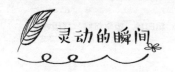

◆主题单一明确，有一定的教育意义　所选的作品主题应只有一个、简单明确，易于理解；作品内容健康明朗，有一定的思想教育意义。

◆情节具体生动，有起伏，按一般顺序记叙　如童话《三只小猪》、《小红帽》。

◆人物形象鲜明突出，易于理解、喜欢　如《小兔乖乖》中慈爱的妈妈，狡猾的大灰狼，可爱的三只长耳朵、短尾巴、红眼睛的小兔。

◆故事要有针对性　针对本班实际情况，配合时令选材，及时选择相关主题的故事进行教育，如发现幼儿不会分享玩具，可选择童话《小铃铛》、《金色的房子》等。如果所选的故事中的内容是幼儿熟悉的或能在生活中体验感知的，则利于幼儿掌握，故选材要考虑季节、地区等因素。如：春天南方可选择《小蝌蚪找妈妈》，北方可选择童话《春天的电话》等。

◆故事要利于训练幼儿创新思维，留给发挥想象的空间　如《会动的房子》、《会爆炸的苹果》等。

3. 为幼儿讲故事

除了读，教师可以给幼儿讲你记忆深的故事，可以是传统故事、民间故事、神话、传说、寓言、历史故事，以及教师自己遭遇的故事，还可以是虚构的幼儿故事。讲任何教师喜欢的，认为幼儿能理解和喜欢的故事。那么教师应该怎样给幼儿讲故事呢？

（1）讲前准备：教师要彻底了解故事里面的内容

意义　为什么要讲这个故事，有什么功用？如：《小羊过桥》使幼儿懂得相互谦让；《小壁虎找尾巴》使幼儿懂得动物类尾巴的功能，每篇故事都有其用意所在。

着重点　故事哪个地方最重要，要看出来。讲故事时，重点与非重点所运用的口气不一样。如果看不出重点，平平淡淡地讲下去，幼儿就会失去听的兴趣。

人物性情　故事中的人物性情各个不同，教师讲故事前必须了解清楚，讲起来就会有声有色。

把全篇故事意思融会贯通　不能让故事零零碎碎，杂乱无章，一定要把它融会贯通，讲起来才神满气足。

要迎合幼儿情况　在多数幼儿注意某一件事物的时候，不要讲和这件事物不相关的故事。如：教师准备好青蛙的故事，刚碰上幼儿近期都在关注猫。如果教师仍然按照自己的准备讲就违背了幼儿意愿。

（2）讲时注意

环境　有的园所喜欢坐成一个圆圈，教师坐中间，后面幼儿看不到教师；有的教师坐在和幼儿一起的圈上，这样靠近教师的幼儿很不方便；有的幼儿还会斜着身子，不但对生理发育有碍，而且容易疲倦。最好的是幼儿坐成弧形或扇形，如果屋小人多，可以前后两排。这样，幼儿的眼睛能与教师直视，看起来最方便。也可以让幼儿在地垫上随意坐，教师最好坐在小椅子上。幼儿听故事不仅要听声音，也要看见人，否则两种感官只满足一种，对于较小的幼儿是不够的。

注意口齿清楚　讲的时候从容不迫，声音不可呆板，应当配合故事情景，抑扬顿挫、轻重快慢。如："妈妈生病了，小孩倒了水，拿给妈妈喝"，讲起来应当用细小的轻声。又如："小白兔到菜园里，拼命吃菜。并且拔起一棵菜，咬一口就丢掉，再拔一棵。老头儿看见很生气"，讲到老头说话时声音一定要很大。

注意要有表情动作　越小的幼儿越需要身体各部位的表情。表情本来就是一种无声的语言，可以使说话的意思更加明白，情节更加生动。

身体　如，说到"从高处望下去"时，可以身体向前倾，脚尖踮起，眼睛向下看。

手　如，"树很高"，可以用手向上一比；"爬上去吧"，可以两手攀缘，像爬树的样子。幼儿听到、看到，触景生情，自然觉得真像有一棵树一样。

脸　脸的表情较难。如，"笑"是嘴张开，肌肉放松；"生气"是嘴闭紧，眼睛睁大；"发愁"是皱眉；"发呆"是嘴张开，眼睛发直；"看不起人"是嘴一撇，头一歪。

教师在讲故事的时候，避免过分随意，身体动来动去，一会儿靠着门，

一会儿摆弄物品。要把自身完全融入故事中，讲给幼儿听，才能达到让幼儿倾听的最佳效果。

（3）让幼儿自编故事、儿歌和其他有韵律的语句

许多幼儿会在过渡环节中边玩边说一些有韵律的话，如："圆又圆、方又方"、"扑通扑通跳下水"等。教师应注意听，如果不产生干扰的话，也可以参加进去，让幼儿知道你喜欢并欣赏他们这么说。有时，其他幼儿也会参加进来，加上几句，甚至形成一个新的句式。

如幼儿做三明治，教师开始说："放在面包上"，幼儿则随意加上"走到床上"，"手放在头上"……

这种幼儿自创的作品，或是生活中的经验，或是想象构成，或是听了许多故事，这里一点那里一点，凑成同材料异组织的故事，幼儿自己说出来，天真烂漫，自成一格。

不同年龄班幼儿编构故事的能力有差异，因此要区别对待：

小班

编结局　即幼儿根据个人对故事语言、情节、人物主题的理解，在故事将近结束时为故事想象一个结局。推荐参考的故事有：《胆小先生》、《差一点儿》等，比较适合编结局。

中班

编高潮和结局　即编"有趣情节"。教师在讲述故事到高潮部分时突然停止，让幼儿想象。如格林童话中的故事《金钥匙》，教师讲到穷孩子发现了宝盒，他用金钥匙打开宝盒，宝盒里装的是什么东西呢？教师可以突然停止，请幼儿续编下去，幼儿可以根据自己的经验和愿望任意想象，为穷孩子装上自己想要的东西，然后按情节编下去。《会爆炸的苹果》、《甜房子》也是较好的、适合续编的故事。

大班

编完整故事　由于大班幼儿已经普遍地掌握了故事情节的开展方式，所以大班幼儿可以编构完整故事。只要幼儿编构的故事基本具有语言、情

节、人物和主题等构成要素即可。教师应给幼儿提供一些背景材料，帮助幼儿编构。

案例回放

讲故事——《是谁咬死了果树》

背景：

午餐前，幼儿们安静坐下。按习惯，等着听王老师讲《是谁咬死了果树》的科学童话故事。

时间：午餐前 11:10

地点：班级睡眠室图书区

内容：幼儿围成圈放松地坐在图书区的海绵地垫上，教师手拿科学童话故事《是谁咬死了果树》，很自然地讲着，时而踱步走走，时而停顿，时而提问，幼儿们很尽兴地听着……

分析：

故事将一些科学常识渗透其中，引发幼儿的探究欲望，在观察、了解后满足幼儿的好奇心和求知欲，在科学探索中了解昆虫的生活习性，激发幼儿主动学习。

附故事：

是谁咬死了果树

果园里有一棵果树枯死了。老园丁发现树根被虫子咬了，生气地说："我一定要查到是谁把树咬死了？"旁边的杨树上有一只知了，指着树叶上的螳螂说："就是他，你看他每天都举着两把锯子。"蜻蜓听见了，对园丁说："螳螂的两把小锯子，是捉虫和防身的武器，不是用来锯果树的。"

知了又说："那就是蟋蟀。他的嘴上生着两颗大牙齿，又阔又锋利，就像一把大剪刀。"蜻蜓连忙对老园丁说："蟋蟀的两颗大牙齿，是掘土和防身的武器，他最喜欢吃草根，却不大咬树根。据我看来，知了小时候倒是长在土里的！"

正在这时候，有只蝼蛄从地上爬过。知了立刻指着蝼蛄说："是他！

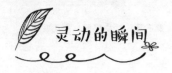

是他！"

老园丁举起锄头，打死了蝼蛄。蜻蜓连忙飞过来，对老园丁说："蝼蛄的确是个大坏蛋！死得应该——专咬玉米和棉花的幼苗。可是，我看咬坏树根的，不是蝼蛄而是能说会道的知了，他从卵里一孵化出来，就钻到地底下去了，躲在树根旁边偷吃树根的液汁，一直吃了三四年才爬到地面上。知了的嘴是一根细管子，可厉害呢。他把这根细管子插进树皮里去，吸树干里的汁液过日子。就是他害死了果树。"老园丁这下知道是谁害死了果树，一把抓住知了，把这个坏蛋掐死了。

参考案例 1

活动名称：动物故事《小壁虎借尾巴》

准备材料：

动物图片（牛、壁虎、小鱼、燕子）、故事书、相关故事背景卡片

知识延展：

动物故事以小动物为主人公，描写它们的习性或者借助动物的形象比喻着人类社会的生活和关系。形式短小、内容单纯、生动趣味。拟人化的动物故事最受幼儿的喜欢。

可引导的相关内容：

★课程延伸：请幼儿和家长收集、了解更多的动物故事。

★讨论：你喜欢哪个动物故事？为什么？了解故事中的人物性格。

★与科学领域相互渗透：认识了解家禽、家畜、及鸟类的外形及生活习性。

★绘画喜欢的动物，制作头饰道具，表演故事。

★丰富区域：分享幼儿收集的动物故事。

儿童发展点：

★喜欢倾听故事，能理解故事内容。

★通过故事讲述提高幼儿语言表达能力。

★愿意向同伴讲述自己收集的故事，懂得分享。

★ 了解动物的相关知识。

附故事：

小壁虎借尾巴

有一只小壁虎来到墙角抓蚊子，被一条蛇咬住了尾巴，小壁虎一挣脱，尾巴断了逃走了。没有尾巴怎么办？小壁虎决定去借尾巴，他爬呀爬，看到小河里小鱼摇着尾巴游泳，就向小鱼借尾巴，小鱼说："不行呀，我的尾巴要拨水呢！"小壁虎又向前爬去，看到老黄牛，就向老牛借尾巴，老牛说："不行呀，我的尾巴要赶苍蝇呢！"小壁虎爬呀爬，看到燕子在空中飞来飞去，就向燕子借尾巴，燕子说："不行呀，我飞的时候尾巴要掌握方向呢！"小壁虎没有借到尾巴，很难过，妈妈看到了就说："傻孩子，你回头看看，你的新尾巴已经长出来啦！"

参考案例 2

活动名称：植物故事《种子历险记》

准备材料：

记录种子旅行的资料或视频、种子、种植器皿、有关种子的书籍、方便摆放种植物的架子、便于幼儿绘画记录的纸和笔。

知识延展：

春天植物的果实和种子成熟后，一般是依靠风力、水流和动物进行传播。比如蒲公英很轻，风一吹就飞到别处；苍耳的种子上长着钩或者刺，可以钩在动物的皮毛和人的衣服上，被带到远处去；大雨之后，许多果实和种子常常被冲到别的地方，例如椰子，还有些植物，如豆荚成熟时会自己裂开，把种子弹出来。

可引导的相关内容：

★ 通过观察，了解种子的不同外形特征和种类。

★ 通过种植，了解不同种子发芽的时间，发芽后的样子等。

★ 引导幼儿收集更多种类的种子，给种子进行分类。

★ 收集不同颜色、外形的种子，利用这些种子进行装饰制作，使幼儿

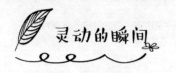

在操作过程中，更深入感受到种子的用途。

★幼儿利用不同的种子，通过绘画、制作和讲述，创编更多的种子故事。

★能主动照顾自然角，为植物浇水等。

儿童发展点：

★能完整复述故事，了解种子的传播途径。

★能对植物生长感兴趣，能与同伴分享自己的探索过程和经验。

★能利用各种种子进行艺术创作，培养幼儿动手能力。

附故事：

种子历险记

三颗小种子从地下慢慢地钻了出来，它们睁开眼睛，好奇地望着这个世界。

山楂种子说："我正在家睡觉，小鸟来了，它把我吃到肚子中，走了很远，又把我从身体中排了出来……"

苍耳的种子说："我在家中休息，小猴子在我们身上蹭呀蹭，我挂在了猴子的身上，就到这里来了……"

蒲公英的种子说："我正在妈妈怀中睡觉，风伯伯来了，说带我们去旅行，他"呜——"地一吹，我们就离开妈妈来到这里了……"

三颗小种子高兴地抱在一起，"哦，我们是这样来到这里的呀，我们一起生活吧！"

参考案例 3

活动名称：续编故事——《萝卜兔去旅行》

准备材料：

小兔子手偶、积木、积塑

知识延展：

培养幼儿解决困难和问题的勇气，幼儿在续编故事中发展想象能力、语言能力，发展乐于助人的情感和态度。

可引导的相关内容：

★课程延伸：请幼儿和家长一起进行故事的续编。

★与其他学科的相互渗透：爱动脑筋、敢于尝试解决问题、乐于助人。

★讨论：你喜欢萝卜兔吗？为什么？

★观察：描述自己最喜欢的小动物形象，介绍它的生活习性等。

★丰富区域：将手偶、故事图片或故事之外的动物图片放在阅读区中，供幼儿继续观察、理解和续编故事。

儿童发展点：

★对续编故事活动感兴趣，能够理解故事前半段，并能用较为生动的语言续编故事。

★愿意动脑筋思考，敢于尝试解决问题，乐于帮助同伴和身边的亲人。

★愿意向同伴讲述自己续编的故事。

★能够大胆想象，并能用较清晰的语言积极表达自己的想法。

附故事：

萝卜兔去旅行

有一天，天气真好，萝卜兔决定去旅行。它用最大的一个萝卜做了一辆萝卜车。萝卜兔开着萝卜车高高兴兴地去旅行。忽然，前面的一条沟挡住了萝卜车的去路。萝卜兔找到一块小木板放在沟上，推着萝卜车向前走。哎呀，小木板太薄，断了，萝卜车掉进了沟里，萝卜兔心里真着急！这可怎么办呀？小朋友，你们能帮萝卜兔想个好办法吗？

参考续编内容：

有了，给萝卜浇水。萝卜车长出叶子啦。萝卜兔抓住萝卜叶，用力往上拉，萝卜车上来了。这次萝卜兔用一块大木板放在沟上，推着萝卜车过去了，继续向前走。

 参考案例4

活动名称：续编故事——《皮鞋车》

准备材料：

小老鼠、小兔子、小松鼠的手偶或图片

知识延展：

幼儿在看一看，想一想，讲一讲的过程中，不但能够获得想象力和讲述能力的发展，而且还会懂得凡事要动脑筋，才能变废为宝，才能使自己更加快乐，才能帮助自己的朋友。

可引导的相关内容：

★课程延伸：请幼儿和家长一起继续故事的续编。

★与其他学科相互渗透：在续编故事的基础上，知道凡事要动脑筋，才能变废为宝。

★讨论：你喜欢小老鼠吗？为什么？

★观察：寻找身边可以变废为宝的物品，并与同伴分享自己的想法。

★丰富区域：将手偶、动物图片放在阅读区中，供幼儿继续观察和续编故事。教师将幼儿续编的故事进行整理，并记录下来供大家分享。

儿童发展点：

★对续编故事活动感兴趣，能够理解故事前半段，并能用较为生动的语言续编故事。

★知道凡事要动脑筋，才能变废为宝。

★能认真倾听故事，理解故事内容。感受故事中的奇思妙想给自己和小伙伴带来的惊喜。

附故事：

皮鞋车

草地上躺着一只旧皮鞋。小兔经过，用脚踢了踢说："多破的鞋子。"小松鼠看见了，说："多臭的鞋子。"小老鼠经过，看见了这只鞋子，说："丢了多可惜。"于是，它上看、下看、左瞧、右瞧，又想了想说："嘿，有了，我要把它变成一辆干净、漂亮的皮鞋车。"

于是，他把皮鞋擦得干干净净，然后找来一瓶胶水，又采来一些花把皮鞋装饰得漂漂亮亮，最后安上轮子、车把，一辆干净、漂亮的皮鞋车就做好了。小老鼠擦擦汗，看着自己做成的皮鞋车，心里美滋滋的，说："哈哈，我有车了。"

小朋友想一想，小老鼠能用皮鞋车做什么事呢？

续编参考内容：

"嘀嘀——"小老鼠用它的皮鞋车送小兔上学，小兔说："谢谢你，你的车真漂亮。" "嘀嘀——"小老鼠用它的皮鞋车帮松鼠送松子，小松鼠说："你的车真好，可惜我没有。"小兔、小松鼠都羡慕小老鼠有一辆干净、漂亮的皮鞋车，可惜他们忘了自己经过草地时遇到的那只旧皮鞋。

（4）与幼儿一起说、编儿歌

首先教师要明确选择适宜幼儿餐前说的诗歌特点：题材广泛，有意义。

儿童诗歌具有构思巧妙，想象力丰富，意境优美，充满童真童趣的特点。教师选择作品时应注意题材的多样化，既可以选择生动有趣的叙事诗，如《下巴上的小洞洞》、《小弟和小猫》、《小猪爱睡觉》等，也可以选择描绘美丽的大自然现象或人们美好心灵和情感世界的抒情诗，如诗歌《春风》、《春雨》、《我多想》等，还可以选择浅显易懂的故事，让幼儿感受中国传统文化的美，如古诗《咏鹅》、《春晓》、《悯农》等。

学前幼儿喜欢的诗文，不仅要朗朗上口，极具语言美和艺术美，更要想象奇妙、生动有趣，能从学前幼儿的独特视角观察世界。下面分别以小、中、大班选材要点进行分析，以指导教师在餐前过渡环节选用诗歌更加科学、合理。

小班

选材应以儿歌为主，要篇幅短小、主题集中、含一个画面，语言形象生动活泼，构思巧妙。如小班诗歌《阳光》：

> 阳光，在窗上爬着，
>
> 阳光，在花上笑着，
>
> 阳光，在溪上跳着，
>
> 阳光，在妈妈眼里闪着。

中班

选材应以儿歌、儿童诗为主，画面一个以上，篇幅较长；语言要丰富多彩，多用重复结构。如儿童诗《吹泡泡》：

星星是月亮吹出的泡泡，

露珠是小草吹出的泡泡，

葡萄是藤儿吹出的泡泡，

我吹出的泡泡是一首首歌谣，

是一串串欢笑。

大班

选材广泛；篇幅较长，画面丰富；表现方式多样。如儿童诗《春天》：

春天是一本彩色的书 ———

黄的迎春花，

红的桃花，

绿的柳叶，

白的梨花……

春天是一本会笑的书——

小池塘笑了，

酒窝圆又大；

小朋友笑了，

咧开小嘴巴……

春天是一本会唱的书——

春雷轰隆隆，

春雨滴滴答，

燕子唧唧唧，

青蛙呱呱呱……

食谱播报

开餐前有十分钟左右的盥洗及餐前准备时间，这期间幼儿生活活动的先后快慢等造成了一定的时间差，也就自然形成了一些消极等待。若组织不当，之前的"洗手"就会前功尽弃。因而适当的活动组织非常重要。值日生工作、音乐律动、手指游戏等都是不错的选择。我们这里重点介绍一下食谱播报。

大班幼儿可轮流当"食谱播报员"，提前一天收集食谱中的营养知识，第二天餐前向全班幼儿播报当餐的食谱及营养价值。

中、小班幼儿可由教师帮助，辅助图片等相关资料，进行介绍。让幼儿了解各种食物对身体的益处，又营造了想吃、爱吃的心理氛围。

在餐前进行食谱播报时教师注意把握以下关键点：

◆了解各种食物的营养价值、食物搭配的原则与重要性。

◆激发幼儿的食欲，敢于尝试各种口味，改善幼儿偏食、挑食的行为。

◆认识各种蔬菜外形及其名称、文字。

餐前播报食谱的活动非常适宜安排幼儿在餐前几分钟内进行。有利于幼儿顺利进餐的同时，还能提高幼儿语言表达能力，对其他幼儿进餐也能起到积极的影响。这个内容可在每餐前进行。

案例回放

食谱播报（小班）

背景：

幼儿姗姗爱挑食。教师有意识安排姗姗为全班幼儿进行餐前食谱播报。

内容：

进餐前，教师先请姗姗去看了今天所吃的菜。姗姗非常高兴地走到餐

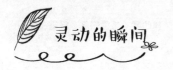

桌前去看，回来后说：小鸡炖蘑菇、素油白菜、菠菜鸡蛋汤。教师及时表扬姗姗完成的任务非常好，并请她在全体小朋友面前进行食谱播报。午餐开始了，姗姗比以往开心许多，坐下后，拿起勺子开始吃起来，吃得很香。顺利地把盘中的菜都吃完了。

分析：

姗姗挑食一直是一个大问题。以上案例中发现她似乎对蔬菜不那么挑了，这与餐前的播报食谱活动安排有很大的关系。幼儿对蔬菜的喜好有着自身的原因，但更大的原因是来自外界的因素。如：家长对幼儿过于疼爱，喜欢吃什么就买什么，等到家长意识到必须要吃蔬菜时，幼儿已经养成不爱吃蔬菜的习惯了。教师的鼓励表扬很重要。教师在餐前鼓励幼儿去播报食谱，为提升幼儿的食欲提供机会，幼儿真正吃起来，就不太会排斥了。

通过这次餐前活动的食谱播报安排，姗姗对蔬菜挑食的不良习惯有了一定的改变。要教育她继续保持下去，让她在饮食中真正爱吃蔬菜，还需要进一步教育和构建有关活动。活动结束后不仅在个别幼儿身上发生了改变，而且平时不挑食的幼儿也悄悄地发生了变化，变得更加喜欢吃蔬菜了。

温馨提示：

1. 餐前过渡环节以幼儿自发为主，教师组织为辅。
2. 尽量为幼儿创设愉快宽松的环境，让幼儿保持心情愉悦。
3. 餐前过渡环节教师保持和蔼、可亲的态度，给幼儿安全感。
4. 餐前过渡环节关注个别幼儿的问题，如生病幼儿，或者犯一些小错误的幼儿，帮助幼儿转换情绪。

餐后过渡环节

幼儿园进餐后过渡环节分为早餐、中餐、晚餐后过渡环节。餐别不同，活动要求也就不同，但餐后环节按常规来讲，活动的丰富性就可减少，一般保持安静，不过于兴奋就可以了。

这里分别按三餐后进行一下简要说明。

早餐后：幼儿以自选游戏区域活动为主，教师不用有计划地设置餐后的安静活动。

午餐后：幼儿以餐后散步为主，为午睡做基础，进餐快的幼儿自主、安静地活动。教师要注意观察，及时处理偶发事件，渗透教育。确保活动有序、安静、安全。户外散步也要做到以静为主，结合天气、季节的变化进行灵活安排。如随着季节变化有目的地看看景物，感受景象的变化，更能陶冶情操。

晚餐后：幼儿按离园过渡环节进行活动即可。（参考离园过渡环节）

温馨提示：

1. 餐后过渡环节提醒幼儿不做剧烈运动。

2. 餐后过渡环节提醒幼儿不急躁。

3. 教师注意观察个别幼儿餐后状况：如生病幼儿或者有其他事情的幼儿。

午点后过渡环节

午睡后的幼儿大脑在一段时间内处于休息状态，动作缓慢、注意力不集中、思维能力呈半迷糊半清晰状态。通过洗漱后，进入午点时间。在午点后过渡环节幼儿需要一段时间的调整，或操作、或欣赏、或表达等多种感官的调动运用，才能全身心地从情绪低调平静恢复到兴奋积极。此时，运用一些高兴奋点的活动来激发幼儿的情绪，需要教师合理筛选活动内容，让幼儿迅速从身心的散漫过渡到全清醒状态。因而教师应该考虑一些广泛涉及幼儿兴趣，符合大众心理需求的活动内容，如桌面游戏类、经验巩固类、交流类、延伸类、欣赏类等。

幼儿午点后环节生活活动比较多，比如洗手、喝水、整理床铺等等，教师在组织这个过渡环节时更需要提供幼儿自主、宽松、随意的环境，利于幼儿转移情绪，在短暂的过渡环节后，由模糊的思维意识转向清晰、积极、健康活泼、敏捷的思维能力。

语言游戏

语言是思维的外在表现形式之一。教师要在幼儿午点时，就有目的地引导幼儿打开语言的思维。

抓住幼儿经验，诱发幼儿交流

如：幼儿在吃午点的时候，教师播放优美温柔的轻音乐，声音逐渐从小变大，让幼儿在音乐中放松。午点快结束的时候，教师可以抓住经验回顾，进行播报。如，教师先谈些今天上班时在路上碰见的趣事，会引导幼儿争着将所见所闻讲出来。这样幼儿的思维逐渐变得活跃。

抓住时间关键点，鼓励幼儿说梦

午点后，幼儿还留有睡意，教师可以随机问问：你们今天睡觉的时候，做了哪些好玩的梦？可以把它讲出来。教师还可以让幼儿将想象出的梦境说出来。

抓住幼儿兴趣，随机组织幼儿进行语言游戏

午点后，教师可利用幼儿喜欢的语言游戏激发幼儿动脑和复习已有经验。如"送信"游戏：请一位幼儿扮邮递员，站起来与众幼儿进行问答。

邮递员：当当当（敲门声）

众幼儿：谁呀？

邮递员：我是小小的邮递员呀！

众幼儿：哪儿来的信呀？

邮递员：××（地名，可任意替换）来的信呀！

众幼儿：信送给谁呀？

邮递员：信送给 ×× 小朋友呀！

游戏被传递给下一幼儿，重复进行。在这个游戏中，幼儿能回忆自己知道的地名，还能培养众幼儿的倾听能力。在幼儿一起互动的语言游戏中，幼儿的兴趣逐渐增强，语言能力也随之提高。像这样的语言游戏还有许多，但作为教师要进行筛选。筛选要注意以下几个特点：

短小易重复 游戏短小方便记忆，幼儿容易集体参与，并且在重复过程中众多幼儿有参与机会。如"猜猜我是谁"、"说相反"等，都是幼儿一听就能记住，并且能朗朗上口的游戏。

内容结合幼儿自身 游戏内容里最好有幼儿自身的情况，容易调动群体参与的积极性。如"警察找朋友"游戏：一名幼儿扮警察，另一名幼儿求助"警察"。

求助者：警察叔叔，我的好朋友丢了。

警　察：你的好朋友长什么样呢？

求助者：我的好朋友穿着白色的鞋子，留着短头发，穿着红色的小褂……

然后扮警察的幼儿就依据特征从班里幼儿中寻找。这个游戏的价值在于幼儿本身就是游戏内容，幼儿有浓厚的参与兴趣，观察能力和语言表达能力在游戏过程中自然形成。以下为教师提供几个参考案例：

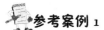

参考案例 1

活动名称：开火车

准备材料：

自制火车头一个

游戏玩法：

游戏开始，幼儿围坐一个大圆圈，边拍手边说儿歌。一名幼儿当火车

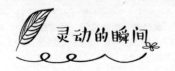

头边走边说，众幼儿提问。

火车头：火车就要开动了。

众幼儿：火车要往哪儿开？

火车头：往××（地名，可任意替换）开。

众幼儿：请谁来开？

火车头：×××（幼儿姓名）。

这时"车头"走到任意一名幼儿前，把"车头"给这名幼儿，自己立刻走到"车头"后面，搭肩做车厢。游戏反复进行。

知识延展：

火车，人类的交通工具。1804年，由英国的矿山技师德里维斯克利用瓦特的蒸汽机造出了世界上第一台蒸汽机车。火车对于幼儿来讲是一个比较喜爱的交通工具，尤其是长长的车厢，因此这个游戏充分利用了幼儿的这个兴趣点，既激发幼儿游戏的兴趣性，又让幼儿认识了不同地方的名称。

随着游戏活动的开展，幼儿逐渐熟悉了这种对答游戏的形式，教师可加快游戏的速度，使火车开得更快，提高幼儿的听说能力及对游戏活动的兴趣。教师可逐渐丰富游戏的规则，提高游戏的难度。

可引导的相关内容：

★引导幼儿相互交流自己去过的地方。

★可收集幼儿游览各地时的图片、特产。

★激发幼儿认识各个不同地方的风土人情。

★引导幼儿认识国内外各个地方的名称。

参考案例 2

活动名称：反义词对对碰

准备材料：

自制反义词卡片（正面为文字，背面为图画释义）

知识延展：

反义词即两个意思相反的词，它包含了绝对反义词和相对反义词。其中绝对反义词就是词义绝对相反、互相对立的两个词。如：大和小、明和暗、长和短等。而相对反义词则是人们在日常生活中约定俗成的，两词之间并没有绝对的对立或者很明显的界限，但对比鲜明。如：黑和白、春和秋。

幼儿时期是语言发展的重要阶段。词汇是幼儿语言发展的重要基础。学习反义词，不仅可以丰富幼儿的词汇量，更能够锻炼幼儿的逆向思维。在反义词对对碰的游戏中，教师在每一个词的背面都配以生动的图画进行释义，运用这种图文并茂的方式不仅可以帮助幼儿理解这个词的本身含义，更能帮助幼儿辨别与它相反或相对的另一个词。

可引导的相关内容：

★引导幼儿观察图片上面的内容，总结图片所表达的意思。

★引导幼儿找到意思相反的词。

★开展反义词对对碰比赛活动，比一比谁知道的反义词多。

★引导幼儿思考，你还知道什么反义词。

★画出其他常见的反义词，丰富反义词对对碰的游戏内容。

儿童发展点：

★学习一些简单的反义词，激发幼儿对语言的探究欲望。

★发展幼儿的逆向思维能力。

★通过观看图片内容，发展幼儿的观察能力。

★丰富幼儿的词汇。

参考案例 3

活动名称：量词连连看

准备材料：

比分牌、笔

知识延展：

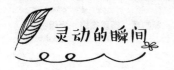

汉语中的词汇很丰富，尤其是量词。通常用来表示人、事物或动作的数量单位的词，叫做量词。如我们经常说的一张纸，一条鱼，一头牛里面的"张""条""头"都是量词。

幼儿时期，是语言发展的重要阶段，丰富的词汇是幼儿语言发展的重要基础。学习量词，可以有效地丰富幼儿的词汇量。在量词连连看的游戏中，教师以图文并茂的方式制作量词玩具，方便幼儿理解阅读，同时在量词的位置留空，供幼儿反复练习。

引导的相关内容：

★引导幼儿观察图片上面的内容，总结图片上所表达的意思。

★引导幼儿找到恰当的量词进行填空。

★开展量词连连看的抢答活动，看看谁说得最快，填得最准。

★请幼儿将比赛结果记录在记分牌上，评选量词连连看的小冠军。

★随机指出班内不同物体，说出正确的量词。

★引导幼儿进行反向匹配，教师说一个量词，幼儿说出物品。

儿童发展点：

★通过游戏活动学习提高幼儿正确使用量词的能力。

★提高幼儿语言表达的准确性。

★提高幼儿参与量词游戏的兴趣，获得成功的体验。

欣赏活动

教师为幼儿创设良好的审美环境，全方位地调动幼儿各种感官，支持幼儿注意力的转移。

凡是美的东西都可以拿来作为幼儿欣赏的内容：美的表演、美的艺术作品、美的音乐、美的服饰、美的视频、美的故事、美的童话剧等等。幼儿通过艺术欣赏，内心情感和外在形式达到统一，瞬时间感受到艺术欣赏带来的喜悦，从而获得一种精神上的满足。这种审美愉悦感又反过来成为幼儿进行审美感和审美创造活动的动力。

总之，午点后的欣赏活动对于幼儿来讲，有着极大的吸引力，教师要做到精准备，宽放手，达到不教而教的生活状态。让幼儿迅速将分散的注意力集中到积极的艺术氛围中来。教师要做到勤收集、细观察，随机抓到幼儿欣赏点，与幼儿内心发展保持同步、达到共鸣。

案例回放

欣赏京剧脸谱

背景：

幼儿在吃午点时，教师有意识地播放京剧表演的视频，并在班级环境中有意识地粘贴脸谱挂图，同时在一定区域内放置脸谱的操作材料。

内容：

幼儿午点后，教师随意播放京剧表演的精彩片段。点评：引起欣赏内容的兴趣点。

教师依次将脸谱展示在班前的活动桌上。点评：继续运用环境支持幼儿自主欣赏脸谱。

幼儿："这个是包公，我戴上。"幼儿戴好脸谱面具，还学着走路，引起其他幼儿的笑声。点评：幼儿自主进入欣赏状态，兴趣随之增高。

接下来，幼儿有的摆弄曹操的脸谱面具，有的学关公。幼儿沉迷于这种模仿演示中。

分析：

午点后的欣赏活动不同于集体欣赏教学活动，欣赏内容的设置有随意性，更趋向于幼儿的兴趣，教师为幼儿创设一个充满艺术气氛的环境即可。自发地引起幼儿与审美对象的对话，鼓励幼儿自发地去看、去听、去体验、去思考，发挥环境的支持作用，让幼儿感知、想象。教师鼓励幼儿不拘泥于一种解释，甚至不拘泥于创作者或教师原有的意图，而是通过幼儿对话，不断探求，并根据自己对作品所传达的信息的体验和理解，充分发表自己的见解，实现两种视界的融合。让幼儿感到愉悦，也获得精神上的成长。

如何组织

教师在创设午点后欣赏活动的内容时应考虑以下几个特点：

1. 欣赏内容必须符合幼儿兴趣

传统艺术中，脸谱、泥塑等幼儿熟悉的艺术形式；生活中，各种车辆、旅游风景名胜等贴合幼儿已有经验的事物都可以拿来作为幼儿欣赏的内容。

2. 欣赏内容适合幼儿操作游戏

幼儿从心里的羡慕、由衷的膜拜到激发起幼儿利用更多途径去感知才是欣赏的最高境界，即创造。继而转化成自己的表达形式才会赋予欣赏活动更大的生命力。如脸谱欣赏中，幼儿有了浓厚的操作欲望，便会主动去美工区制作自己喜欢的人物脸谱，可以画、可以捏、可以剪纸……幼儿在这几种多元手段的操作中，表现美的情绪会自然迸发，达到创造美的高意境。

3. 幼儿作品也是欣赏内容的主要来源

幼儿作品是幼儿在任一活动中自我建构的产物，或绘画、或搭建、或表演等等，也表达了自己对客观事物的看法。幼儿在作品中内容和形式都是不拘一格的，有着自己独特的想法和主张，反映了多项发展特质。所以让幼儿相互间欣赏有着很重要的意义。教师可以协助幼儿进行评价，幼儿自主对作品进行讲解，鼓励同伴间相互欣赏。最终让幼儿在这样的欣赏活动中提高发现美、自信美的能力。

如：幼儿在表演区合作表演了故事《小蝌蚪找妈妈》，教师在幼儿欣赏后，请幼儿相互交流在表演故事中遇到的问题，并共同商量解决的办法，帮助幼儿提高表演水平。由幼儿自身的表演内容，教师可以引发一系列的欣赏内容：提供经典的国产水墨动画片《小蝌蚪找妈妈》，观察中国画的代表——水墨画的表现形式，再理解故事本身蕴含的科学常识，从而挖掘欣赏价值。

4．欣赏手段多样

午点后的欣赏活动目的在于让幼儿始终保持着浓厚的兴趣，可以通过参观、收集、交流、制作、游戏等一系列的活动，引发幼儿从不同角度认识了解欣赏对象。既有助于拓展幼儿经验，更有助于激发幼儿对欣赏对象的不断探索、创新的欲望。

案例回放

欣赏《灰姑娘》

时间：午点后

地点：班级表演区

内容：

教师在幼儿午点时，播放了动画《灰姑娘》。

在观看完片段一后，教师提问："她为什么哭了？发生了什么事？"观看完片断二后，教师提问："大家是怎么帮助她的？南瓜变成了……老鼠变成了……狗变成了……仙女为灰姑娘变来了……"

分析：

在欣赏动画片的基础上，教师有目的地让幼儿在进行完午点后自动进入活动区：在美工区制作舞会场景，在表演区学习对话。教师运用的手段多样，引导幼儿感受这个美好的故事。

后续的活动中，教师还可以在舞会的服饰装饰上引导幼儿欣赏，如：出示女士服装的图片、舞会服装的图片；为幼儿展示收集到的晚礼服、燕尾服的图片或实物，放在欣赏区中供幼儿继续欣赏和交流，引导幼儿在欣赏活动中了解晚礼服和燕尾服的特点与装饰；在其他过渡环节中（离园前、餐前、集体活动后），继续交流宫廷古典服饰与现代时尚服饰的不同与相同之处，让幼儿了解古今服饰在装饰上的不同特点和不同风格。

在这个系列午点后的欣赏活动，教师运用手段很多：视频、图片、实物、欣赏区、表演区、制作区、交流与展示、分享与收集。可见，一个欣赏内容的选择固然重要，但欣赏手段教师必须多元、多角度地去支持，才能让

灵动的瞬间

幼儿在短暂的过渡环节中收到较高的教育价值。

诗歌诵读

午点后，幼儿的精神不易集中，教师在这个时候可以引导幼儿集体背诵熟悉的儿歌。把幼儿的精神迅速集中转移到熟悉的儿歌上。幼儿的注意力集中了。心情愉快，就没有了睡后的疲倦。但在午点后的整个环节中，这个时间不能很长，最多集体说一个至两个后，就要让幼儿按自己的意愿去选择其他类的自主内容。

参考案例

活动名称：古诗《春晓》

准备材料：

幼儿学习过《春晓》、有关春天的音乐

知识扩展：

孟浩然，名浩，字浩然。襄州襄阳（现湖北襄阳）人。是唐代著名的山水田园派诗人。

活动过程：

★请幼儿讲一讲春天了，你发现了天气和动物植物有什么变化？

★教师朗诵古诗《春晓》，请幼儿听一听古人是怎样感受春天的。

★请幼儿讨论《春晓》中，诗人都讲了春天的哪些事物。

★教师和幼儿一起朗诵《春晓》。

可引导的相关内容：

★根据古诗中春天的景象，请幼儿讲一讲还发现了春天的什么秘密。

★在美工区投放彩色的纸张，请幼儿根据古诗内容进行创作画《春晓》。

★在表演区，放节奏乐《春晓》，请幼儿根据诗词律动进行舞蹈。

★在阅读区用文配图的形式展示古诗，帮助幼儿回忆古诗内容，并认识汉字。

儿童发展点：

★学会观察春天的各种变化，用多种感官感受春天。

★把古诗词和音乐律动相结合，帮助幼儿理解古诗内容。

★可以认识古诗中的汉字。

附古诗：

春　晓

春眠不觉晓，

处处闻啼鸟。

夜来风雨声，

花落知多少。

英语游戏

幼儿一般对英语口语游戏的兴趣很高，放在午点后环节有助于幼儿精神集中，在短暂时间迅速到达高兴奋点。

作为教师，首先要明确在午点后过渡环节目标在于培养幼儿的英语兴趣、学习习惯和各种基础能力，而不是中规中矩的英语教学。这对教师组织又提出了更高的挑战和要求。

下面，将分别对三个不同年龄班的幼儿英语的活动目标进行阐述。

总目标

激发幼儿学习英语的兴趣，提高对英语语言的敏感性，让他们了解一些英语文化背景下幼儿的生活用语，培养幼儿注意倾听、积极学说、大胆开口的良好学习习惯，培养他们初步的英语口语日常交际能力，初步形成对多元文化的理解和尊重，促进幼儿语言、思维、个性、交往能力的发展，为幼儿今后的英语学习奠定基础。

小班

对英语歌曲、英语儿歌感兴趣，并愿意模仿。

愿意参加幼儿园的英语活动。

能听懂教师用英语发出的与日常生活有关的最简单的指令，并能够用动作做出反应。

能听懂并愿意模仿身边最常见物品的英语表达。

愿意了解以英语为母语的幼儿生活习惯和生活用语，见到外国人能大胆地用所学到的英语问候。

中班

能完成两个连续的英语指令，并试图模仿他人用英语发出简单的指令。

能听懂教师经常使用的简单的生活用语或教学用语。

愿意并能够用英语表达身边最常见的物品。

愿意并能够用 1～2 个英语单词配以动作、表情和手势等体态语言与他人进行简单的口语交流。

能主动用英语向他人问好。

大班

能完成多个连续的简单英语指令。

知道在什么时候用英语回答问题。

能听懂并愿意模仿教师经常使用的生活用语和教学用语。

能用简单的英语介绍自己、介绍身边的人。

能用简单的英语表达自己的感受。

能借助图片用简单的英语较连贯和完整地复述一个简短的故事。

愿意并能够用简单的英语与他人进行口语对话。

教师组织幼儿进行英语游戏应注重在生活环节中的运用。本书虽然在午点后过渡环节论述英语游戏的设置，但教师可灵活选用。

注意：每天在相对固定时间与幼儿重复、强化，同时句型简短、意思明确、易于理解，指令性用语可适当地配合手势进行提示，便于幼儿掌握。

如组织进餐：

It's time for lunch.

Don't talk with your mouth full.

Do you want some more ?

Please try to finish the things in your bowl.

Please put the bowls、chopsticks and plates in place.

同时，一日生活环节中的英语组织还要根据幼儿的实际情况，结合生活情景中的恰当时机进行随机引导，如一位教师看见幼儿在吃手指，便向幼儿摆手示意：It's a bad habit.(这是个坏习惯。)这样经常性地加以练习，日积月累，幼儿就会理解和掌握大量生活中的用语。

过渡环节开展适当的英语游戏有助于培养幼儿学习英语的兴趣。一个有趣的游戏，不仅能锻炼幼儿的口语交际能力，加深他们对语言材料的理解，而且还会以其独特的方式给幼儿带来快乐，产生一种成功的满足感，从而激发他们更大的学习英语的热情。所以，教师要充分利用游戏这一幼儿最喜欢的活动形式，广泛地进行选择，如英语儿歌、歌曲、故事、图片、卡片、人物手偶、头饰、录音磁带、录像、电视等多种资源，精心设计组织多种英语游戏活动。

教师需要明确掌握不同年龄班幼儿需要掌握的英语目标，调动各种手段，寓教于乐，将教学内容趣味化，教学活动游戏化，教学游戏交际化，帮助幼儿树立学习英语的成就感和自信心。

对不同年龄阶段的幼儿要注意选用不同的游戏，如小班的幼儿采用多动多唱的游戏，以动作、色彩、旋律等吸引他们的注意力，提高他们对英语学习的兴趣；对中大班的幼儿应多用一些益智的游戏，既有趣又能发展英语思维的能力。

灵动的瞬间

参考游戏1

Pass it Along, One By One(小班)

游戏目的：

复习单词 boy、girl

游戏准备：

男孩和女孩的图片、布绒玩具一个、歌曲录音磁带、小粘贴若干

游戏玩法：

幼儿围成一圈，随音乐传递布绒玩具。当音乐停止时，拿着布绒玩具的幼儿要回答教师的问题。此时，教师向他出示男孩和女孩的图片，要求幼儿能够说出 boy 或 girl，说对的幼儿得到一个小粘贴。当幼儿不能说出英语时，教师可给予提示。当幼儿用汉语说出男孩或女孩时，教师不做纠正，可对幼儿说 boy 或 girl，鼓励幼儿模仿。

参考游戏2

卡片接力赛(大班)

游戏目的：

复习 walk、jump、run 等关于运动的单词，锻炼倾听句子的能力。

游戏玩法：

将幼儿分成两队，画一条起跑线。在距起跑线 5 米的位置摆放两张同样的卡片。各队派一人听教师指令：Walk，pick up the dog."两人必须走过去拿小狗卡片，先回来的得分，重复游戏。

除英语游戏外，儿歌同样是促进幼儿学习英语的兴趣。尤其在午点后，幼儿说上一段脍炙人口的英语儿歌有利于情绪转化，同时在其他过渡环节中，教师也可以灵活运用，但不可一个个连说英语儿歌，形成单一的灌输化背诵，不利于幼儿对英语口语的兴趣发展，只能引起幼儿反感或者没有激情的僵化训练局面。

如英语儿歌《I brush my teeth》，通过有趣的儿歌、游戏使幼儿在复习巩固单词 brush、teeth 的基础上，掌握句型 I brush my teeth, 培养幼儿从小规范、准确发音的英语学习习惯。

附英语儿歌

I brush My Teeth

Brush,brush,brush,

I brush my teeth!

Brush,brush,brush,

My teeth are clean!

温馨提示：

午点后过渡环节，幼儿分散、时间不集中，教师可把选择的权利完全交给幼儿，让幼儿每一分钟都幸福满满。

1. 教师充分保证幼儿自选并自主。

2. 教师支持幼儿在此环节有充足的幸福感。

3. 教师支持幼儿在此环节达到思维活跃的积极状态。

your text here

第**5**章

化整为零　快乐连接

——集体教学后过渡环节

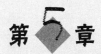

　　集体教学活动后的过渡环节是一个幼儿由集中到分散，再由分散到集中的过渡。教师可根据主题经验、生活经验，以及结合课程本身内容的延展进行活动，做到过渡自然、效果突出。

集体教学后过渡环节

幼儿园集体教学后的过渡环节是幼儿从集中到分散，再由分散到集中的一个重复性过渡，因此这个过渡环节具有时间长、内容广、动静结合、随意性的特点。下面我们来逐一分析这四个特点：

时间长

在很多过渡环节中，集体教学活动后的环节相对较长一些，有时候会相当于一个区域活动的时间（30 ～ 40分钟）。集体教学活动中，教师起主导作用。为了提高幼儿园保教工作的效率，为了建立有序而稳定的教育环境与秩序，在集体教学活动后，幼儿的思维力和注意力都需要进行调整。这个环节就是让幼儿大脑充分地劳逸结合，成为大脑氧吧。

内容广

集体教学活动后，幼儿由集体形式变为分散自由式活动，幼儿在此阶段内可选择的内容相对广泛，教师要有足够的支持。有的幼儿注意力还在集体活动内容中，教师就要结合集体教学内容设置一些延伸类过渡或者欣赏类过渡，让幼儿充分满足兴趣及发展的需要；有的幼儿喜欢自主选择操作类活动，教师就要考虑桌面玩具或易变易操作的活动。

动静结合

在集体教学活动后，教师为幼儿创设的活动环境充分考虑幼儿的动静选择，充分满足幼儿性格和个人需要。有的幼儿性格外向，需要一些交流

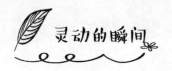
或才艺展示类活动，那就为幼儿开辟聊天话吧和表演空间；有的幼儿喜欢安静，就去选择操作探究类、桌面玩具类、阅读类活动。

随意性

这个集体过渡环节与区域环节相较而言，尊重幼儿短暂兴趣点，形式相对自由，环节宽松自如，教师不过多干涉，避免形成目标性区域活动或者形成小组式学习。要使幼儿成为集体教学活动后过渡环节百分百的主人，教师就要根据幼儿兴趣点随机调整，随时提供空间材料的支持，给幼儿充分的游戏愉悦的环境。

综上，教师设计这一集体教学活动后的过渡环节，要做到：无痕迹的教育，无控制的游戏，无规则的秩序活动，充分满足幼儿自信、好奇、情绪发泄、精神放松、个性张扬等个性品质。因此，教师要思考：集体教学后的延伸思考准备什么？桌面玩具提供什么？交流活动以什么为话题？本书将以案例来向教师说明如何把握每一类活动。

延伸类活动

集体教学活动的延伸活动是普遍性活动，是幼儿在集体教学活动后再次满足兴趣需要和选择的环境支持。教师可以利用讨论、操作视频播放等形式完成集体教学活动的延伸活动。

特点

本书把操作类、实验类活动作为具体案例列为延伸类活动。作为集体教学活动后过渡环节的重点选择内容，是因为此类活动具有下列特点：

1．探索的过程长

幼儿科学活动是幼儿通过自身活动，对周围物质世界进行感知、观察、操作、发现问题、寻找答案的探索过程。所以非常适宜在科学类集体教学活动后进行延伸。

2．操作反复性大

《纲要》中提出：幼儿学习方式是操作、游戏和直接经验感知。在科学类活动中，操作是不可缺少的途径。操作的过程是幼儿猜想、验证、再想、再验证的过程，所以在集体教学活动后，幼儿会带着各种各样奇思怪想去尝试、实践。教师在此时段，提供良好的操作环境是尊重幼儿发展和学习需求的。在强烈的兴趣支持下，操作体验活动对幼儿来讲是一种高效的休息状态，也是过渡环节的高效价值体现。

3．思维连续性强

科学探索类活动主要是幼儿自主的探索活动。幼儿对事物观察后赋予问题性思考，对信息进行联系和比较，对自己的判断和现象作出假设并加以验证，这些都离不开思维能力，所以《纲要》把思维能力列为幼儿科学领域的关键能力。教师则要考虑到幼儿思维发展的特点，在科学领域集体教学后，安排合理的延伸环节是很有必要的，对幼儿思维品质的训练和对问题探究的思维习惯养成能起到促进和激励作用。

在集体教学后的延伸活动中，教师切忌过分干预过程引导，应充分尊重幼儿意愿，让目标意识淡化在材料中，淡化在幼儿兴趣中，让幼儿的发展随一日生活的过渡自然形成，让幼儿的情绪情感潜移默化地融入延伸活动中。

案例回放

集体教学《夸北京》之后

背景：

教师在组织幼儿进行诗歌《夸北京》的创编之后，幼儿兴趣盎然，学

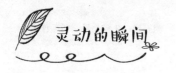
习儿歌的积极性还很充足。

内容：

教师："孩子们，今天咱们的儿歌创编进行到这里，你们还有兴趣的话，可以去各个区域看看材料，看看自己还能够做哪些喜欢的事情。"

小瑾叫上洋洋（平常她俩是最好的小伙伴），一起去了美工区，开始根据自己的想法进行创意剪纸。

路路寻求帮助："老师，我们搭建的北京城楼和照片里的有点不像。"

飞飞口中依然念叨着《夸北京》的儿歌，边念边去阅读区找书了。

后期延展活动：

在集体教学活动《夸北京》的儿歌创编教学后，教师可为幼儿提供的延伸空间有：自编图画书（利用创编的诗歌内容进行自制创编图书）；搭建北京好去处（利用北京旅游点进行搭建）；剪贴北京风景区（美工区幼儿自主粘贴）；幼儿还可根据集体教学活动中自编诗歌所涉及的内容及自身喜欢的操作方式去选择延伸活动。

如何组织

以这个活动延伸案例来细致分析教师设计中要考虑的因素：

1. 提供延伸的适宜空间，提供延伸创新的新氛围

幼儿在诗歌创编中会依据已有经验进行创编。教师要对幼儿经验有预知能力。如：幼儿可能对北京的好玩好吃的感兴趣，教师能给予怎样的支持呢？教师可依据班级情况利用相关活动区（美工区、积木区等）让幼儿置身于浓浓的北京味道的活动中，有利于在延伸活动中培养幼儿的创新兴趣。

2. 教师把握最大限度的民主更有利于幼儿形成创新能力

教师要努力让幼儿在从事这个活动时形成和谐、民主、平等的互动氛围，充分让幼儿感到宽松自如，不受任何压抑，使幼儿充分利用集体活动的兴趣点积蓄，进行创造。

3. 充分利用固有的活动区空间

在上例中，教师巧妙地运用了美工区、建构区及阅读区这一空间，根据幼儿特点、经验及学习规律，投放大量的材料。如北京旅游的图片、视频、幼儿旅游的照片等，引导幼儿在此阶段内玩之有物、看之有物、说之有物、创之有物。在这几个活动空间中幼儿根据自身经验和活动中的思维发散点继续探究，在这个过程中幼儿会把物与物进行联想，画与画进行遐想，做出很多不可思议的东西：如幼儿在搭建区中搭建出地坛、长城等建筑物，而且巧妙地利用牙膏盒形成长城的风景。

参考案例 1

活动名称：科学小实验——不湿的手绢

准备材料：

透明玻璃杯、小手绢、一盆水、各种纸、布、记录表

知识延展：

空气实验：杯子里除了手帕外，还充满了空气，由于空间内空气压力的存在，水不能进入杯子中，手绢就不会被水浸湿。当把杯子倾斜放入水中时，空气外流，水就可以进入到杯子中，进而弄湿手绢。

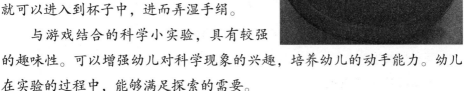

与游戏结合的科学小实验，具有较强的趣味性。可以增强幼儿对科学现象的兴趣，培养幼儿的动手能力。幼儿在实验的过程中，能够满足探索的需要。

可引导的相关内容：

★学习使用记录表。

★创造性地设计记录实验结果的方法。

★知道空气无处不在，了解空气的构成。

★启发幼儿思考可以用什么物品代替手绢。

★引导幼儿探索怎样倾斜杯子，才能使杯中灌水速度快。

★在分组实验的过程中，培养幼儿的分工、互助、合作精神。

儿童发展点：

★引导幼儿运用比较的方法进行科学活动，感受比较的过程和结果。

★引导幼儿用多种方式表现、交流和分享探索与发现的方法。

★引导幼儿学会运用多种感官自主探究。

★培养幼儿的合作意识和能力。

★培养幼儿语言表达的连贯性与完整性。

参考案例 2

活动名称：科学小实验——沉浮小实验

准备材料：

木质玩具、塑料玩具、海绵、乒乓球、曲别针、石子以及玻璃球等不同质地的材料、一盆水、记录表

知识延展：

物体在水中或空气中，会受到水或空气将其向上托的一种力。这种力叫浮力。物体在水中是下沉还是上浮与它受到的重力和浮力的大小有关系。当物体受到的重力大于它受到的浮力时，物体就会下沉；当物体受到的重力等于它受到的浮力时，物体就会悬浮于水中；当物体受到的重力小于它受到的浮力时，物体就会上浮。幼儿常常会对物体的沉浮现象感兴趣，教师可对幼儿进行引导观察。探求其中的奥秘。

可引导的相关内容：

★学习使用记录表。

★创造性地设计记录实验结果的方法。

★结合生活经验，说一说哪些物品易沉，哪些物品易浮。

★培养幼儿科学小实验中语言表达的准确性，如沉下去、浮上来。

★对于幼儿不能判断沉浮的物品，引导幼儿自主探究实验方法。

★在幼儿交流实验结果的过程中，培养幼儿语言表达能力。

★尝试引导幼儿改变物体的沉浮状态，如：如何使上浮的材料下沉、

如何让下沉的材料上浮等。

★在分组实验的过程中，培养幼儿的分工、互助、合作精神。

儿童发展点：

★引导幼儿初步选择与实验探究有关的材料，并在实验中积极思考。

★引导幼儿学会运用多种感官自主探究。

★引导幼儿学习用多种方法对感兴趣的事物进行记录。

★引导幼儿积极参加小组讨论和探索，培养幼儿合作的意识。

参考案例 3

活动名称：科学小实验——蜡烛为什么会熄灭

准备材料：

透明玻璃杯、小手绢、一盆水、各种纸、布、记录表

知识延展：

空气是人类和一切动植物的生命支柱，也是重要的自然资源。蜡烛燃烧需要的是空气中的氧气，用杯子把蜡烛罩住，隔绝了空气，蜡烛在用完杯内的氧气之后就会因为缺氧而逐渐熄灭。在蜡烛大小、粗细相同的情况下，大杯子里面的空气较多，所以蜡烛燃烧的时间较长。

可引导的相关内容：

★学习使用记录表。

★创造性地设计记录实验结果的方法。

★知道空气无处不在，了解空气的构成。

★了解燃烧需要氧气。讨论氧气的用途。

儿童发展点：

★鼓励、支持幼儿主动参加科学小实验，喜欢猜想与动手操作尝试，培养幼儿对科学现象的兴趣。

★引导幼儿初步选择与实验有关的材料，并在实验中积极思考与尝试。

★引导幼儿学习用多种方法对感兴趣的事物进行记录。

★引导幼儿积极参加小组讨论，培养幼儿合作学习的意识和能力。

桌面玩具类活动

皮亚杰提出：儿童的智慧源于操作。幼儿是在对材料的操作、摆弄的过程中建构自己的认知结构的，幼儿是在与材料的"对话"中获得发展的。桌面玩具是幼儿活动的对象，玩具是否对幼儿有足够的兴趣，是否具有操作性都直接与幼儿能否主动参与活动有很大影响。

幼儿在操作、摆弄材料的过程中，动手动脑，不断想出对玩具的新玩法，把所有的感官都投入到活动中，仔细观察、发现问题、思考问题、解决问题。这种桌面玩具的移位、连接、组合、拼摆、分离及再组合的过程，都可以激发幼儿活动的兴趣，启发幼儿智力。

桌面玩具投放的要点

教师提供幼儿适宜的桌面玩具应该从以下几个方面去考虑：

1. 依据幼儿年龄班特点投放桌面玩具

桌面玩具的材料投放既要考虑幼儿的兴趣性又要考虑年龄班特点，同时与其要达到的智能目标紧密联系。如小班桌面玩具的投放是以提高小班幼儿手指手腕的肌肉能力和手眼协调能力为主要目标，就可投放一些串珠、扎彩钉、穿线板、扣纽扣、钓鱼、拼图、插接玩具、平面镶嵌玩具及桌面小积木等；在中班就可以投放数量多一些的拼图、迷宫、接龙、链接、立体拼图、精细串珠及立体镶嵌等；进入大班，教师可为幼儿提供雪花小插片、大型拼图、智力盒、故事盒、组合小积木、接龙、穿编类及科学类玩具等。让幼儿在不同年龄阶段内反复多次操作实践，发现许多有趣的现象，获得感性经验，提高能力，建构新的知识，使幼儿在愉悦的气氛中智力和身心都得以发展。

钓鱼，就是一种幼儿很喜爱的桌面玩具。小班就可以让幼儿感受磁力作用，体验钓鱼的兴趣和过程，练习幼儿手眼协调能力；而在中班，钓鱼玩具就可以根据大小、色彩进行分类，根据鱼身上的提示进行游戏；到了大班，再进行有鱼钩的垂钓，这样难度和价值点就又递进了一层。

再如，桌面泥工操作类玩具。小班，可为幼儿提供各种各样的印模；中班，就可以脱离模子；大班，提供牙签等辅助材料鼓励幼儿进行发挥。

2．桌面类玩具同样要考虑层次性

教师在选择、投放玩具的时候，能够预先思考，将所要投放的玩具，与幼儿通过操作该玩具所能达到的目标之间，按照由浅入深、从易到难的要求，分解出若干个能够与幼儿的认知发展相吻合的操作层次，使桌面玩具投放时更加细化。同时，幼儿在此环节进行操作时，教师还可根据幼儿个体差异，协助其选择桌面玩具，使每个幼儿都能在适宜的环境中获得发展。

3．桌面玩具的投放要注意安全性

有的玩具是细小的珠子、扣子、豆子等，尤其对于小班幼儿，在投放前要先教育幼儿不要放入口中、鼻中，帮助幼儿了解正确操作桌面玩具的方法：轻拿轻放、不要奔跑、不要争抢玩具，以免发生危险。

4．教师注重抓取教育价值

现代心理学强调，幼儿要想在操作中获得发展，必须通过主体和客体相互作用来发展相应的能力。因此教师投放的桌面玩具首先要考虑实用价值，其次是活动价值，再次是认知价值。如桌面玩具的各种管子，每天幼儿可以摆弄、拼插、操作，还可以进行粗细排序、高矮排序、分类特性的认知活动；又如"串珠"活动，幼儿可以探寻排列规律，还可以为别人穿项链作装饰品。教师应注重材料的教育作用，要善于发现材料中所蕴含的其他教育价值，把握时机，积极引导，尊重幼儿的个体差异，因人施教，努力使幼儿在原有水平上得到发展。

5．桌面玩具的综合运用

桌面玩具自身种类很丰富，而且某一种玩具的玩法也要能多变、能拓展、能互通。此外，教师指导幼儿操作桌面玩具时要能举一反三，让幼儿

在活动时获得更多的信息。

下表权作抛砖引玉之用：

材料的综合运用		
年龄段	材 料	综 合 运 用
托 班	夹子	按颜色分类 形象认知（汽车轮子、小猫的胡须、太阳的光芒、刺猬的刺）
	胶卷盒	按颜色分类 一一对应（盒子、盖子一一对应） 叠高、想象（排列各种图案，如花、火车等）
	玩具鸭子	一一对应（大鸭与小鸭一一对应） 分类（大鸭、小鸭分类） 游戏（鸭子游泳）
小 班	管子	分类（橡皮管、塑料管、铁管、玻璃管按材料不同分） 排序（按粗细排序、按高矮排序）
	珠子	分类串珠（按颜色、形状等特征） 按规律串珠
	针筒（无针头）	运水试验（知道不同大小的针筒运的水不一样多） 玩针筒（了解针筒的特征）
中 班	鞋	配对（字卡与鞋图片配对） 系鞋带 区分左右脚、给娃娃穿鞋子
	瓶子	配对（瓶盖与瓶子配对）、 排序（按瓶子的高矮、粗细排序）
	磨	磨米（了解物体由大变小的物理变化） 舀米（一样多的东西用大勺舀、小勺舀，勺数不一样）
	十二生肖	配对（字卡与形象配对） 分类（按两条腿、四条腿、没有腿分类） 按顺序排列十二生肖 十二生肖的生活习性
大 班	日历	根据某一信息安排日历 找出各种节日并配上图片 安排自己一星期的活动内容 在日历中寻找某一天并书写记录 相邻数的学习

注意事项

桌面类玩具作为集体活动后过渡环节的内容，看似是一件很简单的事情，事实上，这里面有很多需要教师注意的地方：

首先，让玩具材料看似无情胜有情。

由具体到抽象　对真实具体的物体施加动作是语言、表征和逻辑运算能力的起点。从操作具体的玩具材料开始，幼儿会逐渐熟悉某一特点的物体，了解其概念，就能上升到符号水平上工作。

由简单到复杂　幼儿操作玩具材料是个简单过程，而教师要巧妙地把幼儿反复操作的材料不断增加难度是一个复杂的过程。在这个过程中简单的动作被逐渐协调为复杂的动作，它体现在幼儿获得使用工具的能力（如剪、敲）中，也体现在积木建构和利用美工媒介的创作中。

由近及远　是为了使幼儿保持学习的主动性。如果没有大量有关现实事物的经验，幼儿就不能理解逐渐增加的语言和抽象符号的能力。教师对幼儿操作物的操作过程最大的挑战是如何在幼儿的能力超越现实事物时仍能保持学习的主动性。教师可引导幼儿逐渐进行计划——做——回忆的循环，在这个循环中，让幼儿和不断发展的玩具材料互动，并巧妙地结合。

其次，让玩具材料会说话。

幼儿认识事物大多依赖于直接经验，通过摸、看、闻、尝、听、抓、举、扔、捏、切、画、粘等来了解物体的各种特性，如果仅仅是看则可能造成片面的认识。幼儿生来就是一个探索者，即使一个空空的盒子，幼儿也会把盖子打开，放一些小积木进去，盖上盒盖摇晃，再把它倒空，然后再试图放在头上当帽子。这一过程中玩具和幼儿的对话是：看看我是什么？我长什么样？幼儿则在猜想，它可以做我喜欢的玩具，里面可以装东西（幼儿对应的动作就是放些小积木进去，盖上盒盖摇晃），它还可以做什么（幼儿对应的动作就是把盒子倒空，然后再试图放在头上当帽子）。所以在幼儿随意玩的过渡环节中，教师要尽可能读懂幼儿内心的话，让玩具材料赋

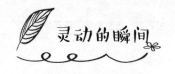

予更多的对话能力。

最后，玩具材料尽可能多变。

幼儿对桌面玩具材料熟悉以后，幼儿们就尝试运用各种方式来操作、改变、组合材料。当幼儿进行玩具材料的组合时，他们会发现物体之间的关系及动作与结果之间的关系。如从穿珠子这样一个简单的活动中，幼儿就能学到因果关系：在绳的一端打个结（因），珠子就会留在绳子上不掉下去（果）。

除了桌面易变的材料，还有一些过渡区域的易变材料。

积木材料：各种积木和积塑能用多种方式进行不同组合。

娃娃家：毯子、围巾、布、服装、扣子、瓶盖和各种食物。

美工材料：橡皮泥、粘土、牙签、小棍、碎布料、针线、扣子、颜料、淀粉、食用色素、电线、橡皮筋、松紧带、铝箔、吸管、木屑、胶水等。

教师不仅应注意幼儿操作材料产生的结果，也应注意幼儿正经历的发现过程，支持并鼓励幼儿正在进行的操作活动，而不仅只停留在幼儿完成的作品上。如：小小在操作木工，想在木板上打个小洞。开始运用螺丝刀，又用剪刀，教师给出建议："你试了好几样东西在木板上打孔，现在你用钉子、锤子再试试。"最后，小洞打成功了。

幼儿在操作桌面玩具材料时，同样会遇到这样或那样的困难，教师可提供几种选择来扩展幼儿与材料的相互作用。如：小雨在玩大积塑，他把积塑插得长长的，想做把自己喜欢的枪。可他一拿起来，"枪"就断了。他一块块地捡起掉在地上的积塑，又一遍遍地插接。几遍之后，他的手枪还是没有成功。教师提示："你需要借助哪些材料让枪稳定呢？"小雨好像表示没有什么好办法，教师又提示："你能用链接插片试试吗？"小雨恍然大悟。教师灵活掌握玩具特点，适时指导，幼儿在过渡环节中也能获得多元发展。

桌面玩具材料种类多，教师可提供一些桌面玩具材料，下表可做参考：

桌面玩具材料细目
建筑材料
大型空心积木, 斜面积木和板; 混合积木; 小型积木; 硬板纸积木; 塑料管; 线、绳子; 幼儿积木作品的照片
用于拆装的材料
塑料或木制可拆装的卡车和小轿车; 木制的可拆装的玩具; 可连接的积木和板; 可用夹子的车轮和积木; 可连接在一起的火车车厢
可供装进和倒出的材料
自动卸货式玩具和汽车与小型积木; 小型货车与 小石块; 玩具谷仓与栗子; 各色盒子与玩具家具; 篮、筐、罐等与贝壳; 小桶、柳条箱、碗、盆与豆子
不同规格、质地和颜色的纸张
彩色光纸; 白纸; 卫生纸; 新闻纸; 包装纸带; 手指画纸; 金属薄片; 大卷包装纸; 感光纸带; 硬板纸; 纸盘; 墙纸样板
用于绘画的材料
颜料; 放颜料的小罐子; 点心盘、冰冻食物盘、放颜料和颜色的浅碟子; 旧报纸; 不同规格的刷子; 海绵块; 纸巾; 牙刷; 网眼布
用于装订和拆的材料
大型订书机和订书针; 橡皮筋; 打洞机; 橡皮带; 糨糊; 线; 透明胶水; 鞋带; 胶接剂; 纱线卷; 透明纸胶; 电线; 胶带; 针和线; 回形针; 剪刀; 花边
用于分类和建造的材料
大型穿珠和线; 小木块; 小型穿珠和线; 塑料方块; 图案立方块; 拼花地板木块
用于排序和建造的材料
套盒; 套杯; 套环; 带盖的咖啡罐 (大、中、小); 烧烤棒; 垫圈、螺帽和螺钉 (大、中、小); 塑料管接头 (大、中、小)
用于理解和装扮的材料
纸牌搭几何形状游戏; 卡片匹配游戏; 找影子

灵动的瞬间

参考案例 1

活动名称：桌面玩具——分类盒

准备材料：

分类盒、彩笔

知识延展：

分类盒是一款智力玩具。需要将图形对应板放在盒盖上面，幼儿观察以下图形物体的特征，再找出与对应板上相同的图形，放入对应的孔内。在操作过程中训练幼儿按物体特征分类的技能，帮助幼儿认识一些水果、蔬菜、动物、数字、图形、服装、交通工具、生活物件等，培养幼儿的自信和语言表达能力。

可引导的相关内容：

★引导观察分类盒中的食物都生长在哪里，知道食物对身体的益处。

★认识分类中的小动物后，初步学习知道它们的生活习性。

★可用分类盒中各种食物、动物创编小故事，与同伴讲述。

★可尝试绘画分类盒中的动物和食物。

儿童发展点：

★学习按物体某一特征进行分类。

★学习认识常见的动物、食物、数字的名称。

★通过故事创编，培养语言表达能力。

★培养幼儿观察力，掌握一一对应的关系。

参考案例 2

活动名称：简单桌面类——滑道小车

准备材料：

滑道小车玩具、统计表、笔、秒表

知识延展：

滑道小车玩具能够锻炼幼儿动手动脑能力及协调能力。小车从上至下滑动速度较快，移动过程明显，幼儿可以观察、感受速度的变化。同时能够满足幼儿新奇好动的年龄特点，调动幼儿游戏兴趣。游戏过程中，可以识别各种颜色，锻炼幼儿的顺序排列能力。

可引导的相关内容：

★在游戏中，通过动手操作，感知坡的"高"、"低"与速度的关系。

★利用表格记录，研究距离与时间的关系。

★合作练习：2～4名幼儿分别间隔一定时间将小车从上依次滑下。

★引发幼儿发现更多滑动与不同材质之间的关系。

儿童发展点：

★通过小车从高至低滑动，了解"高"、"低"的区分。

★学习计时的方法，能根据观察现象做简单的操作记录。

★发现滑动与坡度、材质之间的联系，激发幼儿动手操作的兴趣。

参考案例 3

活动名称：竹篓掉球

准备材料：

竹篓掉球玩具、记录册

知识延展：

"竹篓掉球"是一款新颖的益智游戏类玩具，它的玩法看似简单，但需要积极地开动脑筋。它能培养幼儿的平衡能力、动作的协调和控制力的发展。由于游戏需要至少两人参加，也培养了幼儿与同伴间的交往能力、表达能力。

可引导的相关内容：

★探究：小球有筷子的支撑，为什么不会掉下来？

★在操作过程中，辨认不同的颜色。

★记录每次抽出筷子时小球掉下来的数量，比较多少。

★请赢得"竹篓掉球"游戏的幼儿向同伴分享经验。

儿童发展点：

★培养幼儿的平衡能力、全局意识、动作的协调和控制力。

★提高了幼儿解决问题的能力，对数的理解。

★发展了幼儿与同伴间的交往能力。

★通过与同伴分享成功经验，帮助幼儿树立自信心，培养语言表达能力。

参考案例 4

活动名称：**走迷宫——滑到动物找位迷宫**

准备材料：

滑道动物找位迷宫玩具、彩笔、图画纸。

知识延展：

滑道动物找位玩具要求幼儿首先要认识动物板上的动物，然后要看如何让这些小动物在滑道上移动找到相对的动物，也就是找准应该滑到的位置，过程中锻炼了幼儿独立思考的能力。

游戏中，教师不要急于帮助，给幼儿独立思考的空间，引导幼儿解决问题。还可适当地在游戏过程中给幼儿制造一些小问题，锻炼幼儿的分析判断能力。

可引导的相关内容：

★可以进行对物体的形状、颜色和大小的认知。

★认识不同的动物，了解不同动物的生活方式。

★与同伴分享快速找位的游戏经验。

★自制迷宫玩具，幼儿绘画不同的小动物替换原有的动物。

★根据迷宫中的动物场景，请幼儿创编小故事。

儿童发展点：

★培养幼儿观察力和手眼协调能力。

★引导幼儿掌握解决问题的能力。

★培养幼儿语言表达能力。

交流类活动

教师为幼儿在集体教学后创设敢于发表自己真情实感的机会很重要。依据《纲要》精神，给幼儿创设一个想说、敢说、原意说的情景。教师可在这个环节内随机抽取话题创设机会，也可由幼儿自发话题，做到地点、内容、人员不限，充分给幼儿语言开放性的环境支持，提高交往能力、语言能力及多角度看问题、解决问题的能力。

交流类活动开展的要点

集体教学后，教师支持幼儿交流类活动，可以从以下几个方面注意：

充分创造交流机会

集体教学活动后，是幼儿最佳交流机会。交流内容需要教师提供良好的环境和话题。

如教师随意在娃娃家拿个瓶娃娃，用游戏的口吻说："娃娃肚子饿了，饼干太大了，瓶娃娃怎么吃呢？"幼儿开始交流。有的幼儿提议：把大饼干变小；有的幼儿提议：把娃娃嘴巴变大；还有的幼儿提议：用剪刀把饼干剪小……

教师有时候就是交流话题的发起者，尤其对于小班幼儿来讲，需要教师用拟人的口气，符合小班幼儿年龄特点，而且要赋予生动的情节，协助

小班幼儿学习交流、学习表达。

鼓励幼儿交流

在交流活动中，幼儿往往是随意的，是真实情感的沟通与表达。当幼儿自选活动内容时，教师鼓励的应是幼儿间的对话，而不是相互之间的推、抓、撞。要做到幼儿自如交流，需抓住班级集体兴趣点和幼儿的关注热点。

鼓励幼儿学会主动地听

会交流的前提是先学会倾听。当幼儿甲对幼儿乙说话，而乙正关注其他事情没有听到时，教师应提醒乙注意倾听。

教师还要帮助那些总爱自己说，不听别人说的幼儿学会控制自己，并理解其他人也要表达自己的思想和情感。

尊重幼儿并以平等的方式与他们交流

教师在和幼儿的交谈中，常常处于教导的地位，总是纠正幼儿的错误，告诉他们怎么做，怎么说。使幼儿处于听和看的地位。作为承认和尊重幼儿的教师，应该是既说又听，善于把幼儿的观点结合到自己的说话中。

案例回放 1

西红柿（中班）

背景：

幼儿在认识蔬菜的集体教学活动后，教师继续自然组织延伸活动。

内容：

教师为幼儿提供了"切西红柿"的延伸活动。教师鼓励幼儿看看西红柿里面的样子。于是，有的幼儿横切，有的幼儿侧切，有的幼儿无章法地切。

结束后幼儿们相互看着成果，进行交流。

"看我的，我的是厚厚的。"

"看我的，我的全是水。"

"我的里面为什么是白白的？"

教师又问："西红柿里有什么？"幼儿纷纷抢答："有籽，有水，水是红色的，有厚厚的肉……"幼儿们积极分享着，谈得无比开心，"我妈妈炒的西红柿就这样"、"我可以把西红柿倒在杯子里"……

分析：

在上例中，教师并没有坚持教幼儿什么，而是允许他们自己发现事物，鼓励他们说出来，并对他们所说的做出反应。教师一定要认识到：幼儿能够自由地交流经验时，会表达出自己真实又重要的观点、问题。当幼儿通过语言来交流思想，互相倾听和评论，他们就会感到语言的作用，并激发学习语言的积极性。

听幼儿说话或与幼儿谈话对成人和幼儿都是一个奖励，幼儿因得到成人的注意和尊重而开心，成人则被幼儿新鲜的思想和观点所吸引。当幼儿自由交流他们自己选择的话题，以自己的方式对提问作出反应时，他们会显示出独特的观点、兴趣和爱好。因此，幼儿与其他幼儿及成人谈论个人有意义经验的机会越多，成人对幼儿了解的机会也越多。所以教师的一个非常重要的作用就是创造与保持一个能使幼儿自由表达，喜欢交流思想和情感的环境。

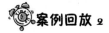案例回放 2

鞋 子（中班）

背景：

幼儿在认识鞋子活动后，教师继续组织延伸活动。

内容：

在集体活动后，幼儿在角色区摆弄着带来的各种款式的鞋子，幼儿格外开心。教师鼓励幼儿："你们可以穿穿看看，走走，说说什么感觉？"

幼儿们交流着。

明明："这是夏天穿的凉鞋，我也有一双，但我的是沙滩凉鞋。"

红红："我带来了妈妈的鞋子，妈妈总喜欢穿高跟鞋。"

小雪："我妈妈喜欢穿平底布鞋，而且还总穿一个样子的。"

天天："看看，这双雨靴是我新买的，一次没穿过，现在都不下雨。"

幼儿们开始试着穿了。

东东："我穿爸爸的大皮鞋，像船一样，走不快。"

小云："我小时候的虎头鞋根本不能穿了，只能拿在手心里了。"哈哈哈……

幼儿在教师的鼓励下，七嘴八舌地交流着。他们自然地分享着自己的生活经验和感知经验。

分析：

在幼儿交流的过程中，教师要给幼儿安全放松的交流环境，不限制内容，不限制地点和时间，不限制人群，这样幼儿就能在日积月累的过程中，学会尽可能清楚地表达思想内容，为今后的学习交往打下良好的基础。

集体教学活动后过渡环节内容选择丰富多样，教师创设安全、宽松、愉悦的精神环境的同时，要保证幼儿丰富的材料支持，并且进行高效能的指导，使幼儿形成在自然中发展、在生活中发展的良好状态。教师可根据主题经验、生活经验等现象或者结合课程本身内容的延展进行课后交流活动，使集体教学后的过渡环节过渡自然、效果突出。

参考案例 1

活动名称：民俗游艺体验

准备材料：

图片（各种民俗游艺活动）、民俗歌谣、民俗竞技的工具（跳绳、皮筋、毽子、风筝等）

知识延展：

幼儿园教育中，也可利用这一形式的活动，塑造民族精神气质，文化意蕴。我们更可将其贯穿在幼儿的生活之中，在引领幼儿感受民俗文化的魅力的同时，发挥其教育的功能，激发幼儿的各种兴趣，促进幼儿认知的发展。如：通过通俗易懂的歌谣，激发他们对语言活动的兴趣；通过简单的游戏（跳绳、玩绳子、跳格子等），增强幼儿的体质，培养合作意识。

我们应当善用这些幼儿喜爱的文化资源和形式，将这些优良的民俗文化传统融入幼儿的生活，使我们的民族文化得以传承。

可引导的相关内容：

★ 讨论：民俗游艺项目有哪些？会玩儿的项目有哪些？

★ 观看与民俗文化相关的视频。

★ 幼儿进行绘画，把自己知道的民俗活动画出来。

★ 带幼儿上网收集民俗活动的资料与大家一起分享。

★ 阅读有关民俗游艺的图书。

★ 在户外活动中体验民俗游艺项目。

★ 尝试制作民俗游艺相关的玩具。

儿童发展点：

★ 通过了解知道两三个民俗游戏。

★ 鼓励幼儿对周围的事物感兴趣，有好奇心和求知欲。

★ 对民俗活动感兴趣，愿意参加民俗活动。

参考案例 2

活动名称：不触碰电源

准备材料：

电源的图片、被电伤害过的图片

知识延展：

电是人类的好帮手，我们生活中的方方面面都离不开电的帮助，家里的照明、电视、冰箱等，都需要有电才能发挥作用。但是，电又被人称作是"电老虎"，当人体直接接触电流时，就会发生触电，这时人会感到全身发麻，肌肉抽动，甚至烧伤，严重时还会造成呼吸、心跳的停止，导致死亡。而且据有关部门调查后发现，高达 76% 的城市家庭都存在着不同程度的用电安全隐患，大部分家庭都缺少安全用电的意识。所以，教育幼儿一定要认识到电的危险，让它成为我们生活中的好帮手，而不要让"电老虎"咬伤自己。

灵动的瞬间

可引导的相关内容：

★引导幼儿知道电的用处。

★通过观看图片，了解如果触碰到电会对我们人体造成什么样的伤害。

★通过观察图片，知道电源存在于我们生活的什么地方。

★幼儿讨论，怎样预防电对我们的伤害。

★延伸到家庭，幼儿和家长一起寻找家中的有关电的安全隐患。

★对被电伤害到的人感到同情和惋惜。

儿童发展点：

★发展了幼儿的自我保护意识。

★发展了幼儿的同情心。

★发展了幼儿的分析能力。

温馨提示：

1. 教师随时关注幼儿兴趣点，充分支持幼儿自主活动。

2. 提供幼儿语言交流机会。

3. 教学后过渡环节不强求幼儿进行目标性地操作。

4. 随时对幼儿进行鼓励支持。

第 6 章

小环节　大智慧

——教师在过渡环节中的角色定位

　　"小"过渡环节的教育资源需要教师开动"大"智慧进行深度的挖掘：尊重幼儿的主体性，丰富过渡环节的活动内容，保证幼儿每天有适当的自主选择和自由活动时间，从而满足幼儿身心发展的需要。

教师如何做幼儿过渡环节背后保障的支持者

幼儿生活及学习的特点，具有明显的零散性，随意性。教师在过渡环节中，既要考虑到幼儿兴趣点，又要关注到幼儿身心发展的规律，科学调整活动密度，使过渡环节达到轻松、自然的效果。

时间的支持

幼儿园一日生活过渡环节存在时机和长短的不同，教师要根据不同班级幼儿的情况酌情处理和安排。在班级中摸索出过渡环节的时机：早餐后，区域前；区域后，集体活动前；集体活动后，户外活动前等等，过渡环节巧妙的存在于各个环节之间的衔接处。教师还要灵活把握过渡环节时间的长短，小的过渡环节在 5 分钟之内适宜，如分享活动区或新闻播报等过渡环节；大的过渡环节在 10 ~ 15 分钟之内，如集体教学活动后户外活动前的过渡环节，内容颇多：盥洗分组，站队分享等等。作为教师，要根据自己班级幼儿日常活动建立过渡环节的常规模式，在作息制度上给予明确标注，做好班级过渡环节的时间保障。

空间的支持

幼儿在过渡环节中，教师既要考虑到方便下一环节进行，又要有利于收放材料，同时还要考虑到幼儿参与的分散性、随意性。基于这些原因，教师要根据不同过渡环节的性质充分考虑到活动的空间位置，充分利用楼道墙壁、区域角落、生活区附近。楼道适宜采取张贴和悬挂结合，如：图片信息类适宜在楼道墙壁张贴，便于幼儿从环境中吸取资源；悬挂一些便于幼儿操作的编绳、谜语灯谜、宝宝聪明袋等，便于幼儿随意选择参与过

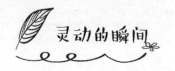
渡环节的活动；恰当运用窗台、角柜顶端，把幼儿常用的一些手头益智玩具放置在幼儿随处可得的窗台或者角柜上；充分运用地面、塑胶地垫或地毯等，适宜幼儿阅读或摆弄材料。教师在组织幼儿过渡环节中，细致关注幼儿参与游戏的情况，随时调整空间位置，方便幼儿参与活动。

内容的支持

在过渡环节游戏中，教师首先要注重收集幼儿有兴趣的信息，便于活动内容的调整；同时要积累大量语言类材料，优秀的故事、有趣的语言游戏等，便于组织环节中随时运用；提高自身进行益智游戏的水平，如九连环、孔明锁、拼图等的玩法技巧，这样教师指导幼儿参与过渡环节时便于指导。

当幼儿用自己的意愿想法进行操作时，教师应多报以欣赏的眼光，支持他们去尝试、实践自己的想法。

案例回放

聪明宝宝（小班）

背景：

经过了一段时间，幼儿们对"聪明宝宝"这一游戏材料的操作已十分娴熟。盘子里的各种物品也基本能对应于"宝宝"脸上的五官。

内容：

楚楚与翘翘一同进入了该活动区。不一会儿，两个好朋友的吵闹声吸引了教师的注意力。

楚楚："鞋子应该放在眼睛上的。"

翘翘："不是，鞋子是放在鼻子上的。"

楚楚："鞋子有各种各样的颜色，是眼睛看到的呀！"

翘翘："可是鞋子的臭味道是鼻子闻到的呀。"

两名幼儿的争执声越来越响，引来了许多同伴的围观，幼儿们也都纷纷议论起来。

"我同意楚楚的，东西都是眼睛看到的啊！"

"我觉得翘翘说得对，脚出汗了，鞋子就会变得臭臭的。"

"我觉得放在耳朵上，走路的时候鞋子发出咚咚咚的声音。"

……

其实，这点点滴滴的感受蕴含着幼儿对五官的一些认知。于是，教师就形成了分组活动方案，带领幼儿有意识地感受"假如五官坏了会怎么样"，让幼儿在有趣的游戏和交流中进一步了解五官的作用并知道要保护它们。同时，在"聪明宝宝"的区角中添置了许多内容不同、数量成倍的材料。

分析：

一张鞋子的图片引发了幼儿在自然状态下的经验碰撞。幼儿从不同的角度阐明自己的想法，这样的群体学习有利于扩展幼儿认知的广度，也有利于锻炼幼儿思维的深度。

在此过程中，教师给予幼儿自由的时间空间，以一名旁观者的身份聆听他们对话，并根据幼儿的认知信息，确定其价值性并生成集体活动，顺应了幼儿探究"五官"的需要，形成自我保护意识。这个在幼儿游戏中生成的教育活动，不失为体现"最近发展区"理论的一次好尝试。

教师如何做幼儿过渡环节教育发展的引领者

在过渡环节中，教师要尊重幼儿兴趣、个性，但不是一味顺从幼儿的游戏。教师要从以下几个方面进行引导。

做幼儿学习兴趣的激发者

过渡环节游戏区别于教育活动中的集体游戏活动，它是自由的、广泛的、随意的、幼儿自主选择的。因此，教师在过渡环节中要注意观察幼儿

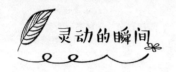

的兴趣点，使幼儿在轻松自主的环境中获得有益于身心发展的经验，激发幼儿多方面的兴趣和爱好。

运用语言引起悬念，从而激发兴趣爱好。幼儿正处于积极探索周围事物的阶段，对新鲜的、未知的或者略知的事物会产生极大的探究兴趣，教师如果能巧妙地运用语言，设计悬念，激发幼儿的好奇心和求知欲，能收到意想不到的效果。

例如：一次过渡环节时正逢春雨过后，教师和幼儿来到活动室外面，发现墙壁上爬了许多的小蜗牛，幼儿们非常喜欢。教师说："孩子们，我们把蜗牛请到班里做客吧！"幼儿们一致赞成。"可是小蜗牛住在哪呀？"教师接着问道。幼儿们也发愁了：对呀！小蜗牛喜欢住什么地方、喜欢吃什么都不知道，可怎么办呢？就在一个个问题提出的时候幼儿们也想办法找到了答案。小蜗牛在班里安了家，每天观察蜗牛。更有意思的是幼儿们从此更喜欢小动物了，班里的饲养角更丰富了。

案例回放 1

金牌工程师的故事（大班）

背景：

杰杰从"凉城小区"建造开始，就一直在该游戏区里进行游戏，他搭建了别墅、野外帐篷、私人游泳池等等，别具匠心地设计和精细地制作，是小伙伴们一致公认的"金牌工程师"。他为自己得了"金牌工程师"的称号暗自高兴，对建构的兴趣也更浓了。

内容：

在一次游戏时，教师建议杰杰去参观大二班某小朋友的作品。回来之后，杰杰有点垂头丧气："我比不过他，他才是高手。"他对着自己的房子冥思苦想，迟迟不动手。"老师相信你，你是我们班的金牌工程师，你一定不会输给他。"教师鼓励他一起商量原先的创意：如果阳台上改用全透明的落地窗，可以选用什么材料？杰杰又兴致勃勃地制作起来。

分析：

"杰杰的受挫感"是教师不经意间造成的——激将没有变成挑战，反而形成障碍——杰杰失去自信。可喜的是教师很快观察到他的变化，立即弥补自己的过失：运用激励性的话语，重新唤起幼儿的活动兴趣；利用共同商量出的改建阳台方案，激活了幼儿继续活动的愿望。

反之如果教师未觉察到幼儿的变化，那结果可就完全不同了。因此，教师只有不断训练"自己的眼睛如鹰般敏锐"，才能更好地把准指导脉络。

案例回放 2
盖瓶盖（小班）

背景：

一男一女两名幼儿尝试开、盖各种不同直径、不同材质的瓶盖。

内容：

男孩盖的几个都不对应，都只是将瓶盖顶在瓶子上了，男孩以为是盖好了。女孩则将瓶盖都拧得很好。两人以为完成了，都很开心，一起拍拍手。这时路过两次的教师并没有直接指出男孩的错误，只是轻轻地用腿挤了一下桌子。桌子动了一下，只见男孩的瓶盖相继落下，而女孩的则依然完好。女孩和男孩都清楚地目睹了瓶盖掉下来的情景，意识到男孩没盖好。于是，女孩帮助男孩，和他一起盖瓶盖。

分析：

该教师的这一举动极具回味，她将所要给予幼儿的暗示、鼓励、挑战尽在不言中，化为一个"挤"的动作抛向饶有兴致的幼儿。因此，并不是唯有语言才能激发幼儿的兴趣，形容得夸张一点，教师的言行有时应该犹如哑剧演员的表演，不时给予启发与想象。

做幼儿探究能力发展的助推者

过渡环节中，教师要从以下几个方面进行引领，便于幼儿形成探究习惯。

首先，营造探究的氛围。

在过渡环节中，教师充分营造良好的探究氛围是成为幼儿探究活动激发者的首要前提。作为教师首先要从心底支持幼儿的探究动机，尊重他们的探究行为，提供可供幼儿探究和操作的材料和用品，以便幼儿能在良好的探究氛围中全面发展。

其次，随时发挥自然角及科学区材料的作用。

和幼儿们共同饲养小动物，并且根据季节的变化随时丰富内容，提供动植物记录本，引导幼儿随时将自己的发现记录下来。在过渡环节材料投放中，教师为幼儿提供了大量的科学活动材料，如：平面镜、放大镜、三棱镜等有关光游戏的材料，各种有关沉浮游戏的材料，电游戏的材料以及与声音有关的游戏材料。在丰富的可探究材料的世界中，幼儿们可以得到更好的发展。

最后，给予适当引导。

作为激发者，不光是要给幼儿提供有益探究的条件。同时，在幼儿探究过程中，更要让幼儿在获取知识和解决问题的过程中发展自身的能力。在幼儿进行过渡环节活动时，教师应在幼儿不能发现或是探究不下去时，以提问、暗示或是"自言自语"的方式，引发幼儿进一步的发现与探究，使幼儿的探究活动继续深入开展下去。因此，除了给幼儿提供探究氛围和机会以外，给幼儿自己发现问题、解决问题的机会以及必要时的适度指导，也是启发幼儿作进一步探究，成为有益幼儿探究激发者的关键一步。

做幼儿良好个性培养的促进者

教师在过渡环节中为幼儿提供的精神和物质环境都应该是宽松的。有了教师提供的表达、表现机会，幼儿才会去思考。每个想法教师都能宽容的理解，幼儿才能将自己独有的想法公布于众，而且会促使其他幼儿都思考自己的想法并进行对比。教师在指导幼儿进行过渡环节游戏中，善于发现幼儿创造性的思维和成果，多给幼儿表现机会，让幼儿在鼓励和肯定的支持中形成自信、坚强、乐观的性格。

做幼儿独立能力的培养者

幼儿园过渡环节游戏更多地体现了宽松、独立、自主的学习特点，幼儿们可以根据自己的意愿充分地选择喜欢的活动环境、材料、交往对象进行自由的操作探索，这种活动方式对于幼儿来说是魅力无穷的，因为幼儿的独立自主性在过渡环节游戏中得到充分体现和发挥。

然而，幼儿在过渡环节游戏中所表现出来的独立自主性这种内部活动的动机和需要，并不是先天自发的本能，而是在主客体相互作用中，在与外界环境的影响下，特别是在教师有意识地教育下产生的。幼儿的独立自主性是受周围环境影响的，教师若提供单调的活动环境及材料或是程式化的活动方式会限制、制约幼儿的独立自主性和积极参与游戏的愿望。因此，作为教师要根据幼儿需要，提供有效支持。

例如：户外活动回来的过渡环节是班里最热闹的时候，幼儿就像自由的小鸟，选择自己的活动。有的幼儿拿着有刻度的量杯去给自然角的植物浇水，旁边的幼儿还提醒说"仙人掌不用浇水，它耐旱"；有的幼儿一起去玩翻绳；爱说话的幼儿在一旁讲着永远也说不完的悄悄话；好动的幼儿会趁着这个间隙在班内走几圈看看大家都在做什么；安静的幼儿在一边翻看着图书……虽然，所有的一切在外人看来会是一片乱糟糟的景象，有些幼儿无所事事，有些规则还未形成。但对于幼儿来说，这是难得的锻炼自主、自理的机会，在不断地探索中他们会从无序走向有序，从低效走向高效。

在适当延长的过渡环节中，独立自主选择的方法对于中大班的幼儿来说是比较适合的，这个年龄段的幼儿已经具有一定的自我调节能力。他们会用独立自主选择活动的方法，将教师的刻意安排改变为主动活动。教师为幼儿提供宽松的精神环境及丰富的物质环境，为不同个性、兴趣的幼儿提供了独立自主的学习空间，使他们有发展和展示的时间，同时，少了一些刻意和制度化的安排。

灵动的瞬间

量量竹竿有多长（大班）

背景：

大班的数学操作区，有一个测量的内容。这一天，两名幼儿拿着自己从家中带来的卷尺在测量（他们已经学会从"零刻度"起始测量的方法），在征得教师的同意后，他们跑去测量操场上花坛的长度、宽度及楼梯的高度，不时地做着一些只有他们自己看得懂的记录。

内容：

午睡后，两名幼儿去测一根竹竿（锻炼投掷用的撑杆），他们并没有因为竹竿的高度而被难倒，将竹竿的一端插在地上，然后又搬来了教师的椅子，请教师站上去帮他们将"零刻度"压在竹竿顶部。经过师生共同努力，一个数字记录到他们的小纸片上——195，他们很高兴。

这时，教师捡了根树枝笑眯眯地说："量量树枝有多长？"很快，幼儿报上了结果——46。

教师又说："想想办法，让树枝站在地上。"他们毫不犹豫地将树枝往草地里一插，树枝站住了。

教师说："再量量看，有多长？""量过了。"一名幼儿回答。

"再量一次看看。"教师要求道。"好吧。"两名幼儿同意。于是，又一个数字出现了——43。

大家都看见并发现了数字的不同。"这可是同一根树枝，怎么回事？"一名幼儿来回摇着脑袋，另一名幼儿手插着腰，一脸纳闷，"会不会量错？再来一次。"一量又是"43"。

教师启发说："想想，树枝是怎么站在草地上的？""噢！"一名幼儿突然醒悟，"我们量树枝还应算插在泥土里的那一段。""对，对，对。"另一名幼儿附和着。

"那么那根竹竿的高度是不是195呢？"教师继续提示。

"对了，那根竹竿也应包括插入泥土里的那一部分，还有一部分在地底下呢，我们量不到。"经过教师的"启"和幼儿的"发"，这个与幼儿日常生活相关的问题得到合理而科学地解决。

分析：

教师抓住了问题的"泉眼"——幼儿忽略了埋在地下那部分竹竿的长度，于是用"插树枝入地"进行启发，帮助幼儿找到了经验迁移的实践点，让他们通过自己的思考得到竹竿长度的正解，相信这种状态下的试误与启发，一定很难忘却。

做交往水平的提高者

交往能力在这个环节中尤其重要。教师要提供不同的材料来增加幼儿交往的机会。在丰富的材料中，幼儿活动起来必然需要同伴间的合作与相互协调。同一个游戏，可以提供不同难度的材料，满足不同水平的幼儿。幼儿可以自由选择，在互相模仿、学习和交谈中，进行热烈的交往活动。

最后，教师要灵活指导，提高幼儿交往水平。在活动中幼儿会遇到这样那样的问题，解决问题对于幼儿来说是一个新的刺激与挑战，更能促进幼儿积极面对问题，培养幼儿在交往中的胆识和面对突发事件的应变能力。在活动和游戏中，幼儿的语言表达、解决问题、协调纠纷、团结协作能力以及游戏水平都得到了不同程度的提高。

教师在巧妙的过渡环节中，能够起到幼儿良好关系的调节作用。当幼儿因为个性不同、技能差异、合作不愉快等因素而引发矛盾时，教师应该利用自己的影响力进行协调。

案例回放

多米诺骨牌（大班）

背景：

投放多米诺骨牌一星期了，有的幼儿已经从一个人的"霸占"到开始和朋友一起"分享"了。

内容：

东东、玲玲、扬扬在一起排骨牌。教师在门口欣赏表演区的"跳舞毯"。一阵争执声传来，回头一看，来自骨牌区。教师停顿了一下，缓步来到骨牌区旁的制作区，背向骨牌区，一面观看制作区幼儿"印蓝花布"，一面仔细"偷听"骨牌区的动静，总算搞明白：三人合作排骨牌，玲玲不小心碰到扬扬的手，扬扬的手又顺势推倒了一块骨牌，导致前功尽弃，彼此责怪。

于是，教师来到三名幼儿面前，蹲下身子。幼儿看见了"救星"，都争先恐后地"告状"、"求援"，你一言我一语。过了十几秒，教师做了一个"暂停"手势，并开口说道："你们谁也没有错，只是都有点着急。"停了停继续道，"其实很简单，想想，下跳棋时，三个人一起跳吗？打牌时，你们三个人又同时出吗？"

"啊！"三名幼儿一下子明白了。

"不要着急，要小心，要仔细。"教师拍了拍扬扬的肩膀。

分析：

幼儿在过渡环节活动时闹纠纷是常有的事，这正是他们社会化的一个真实写照。当幼儿因为合作失败而争执，教师并没有用直接控制的方法予以制止、结束纷争，而是通过"旁敲侧击"，敏锐地透析到这场争执所隐含的幼儿需要与教育价值：合作中的规则、技巧与方法。教师运用情景启发幼儿将已有经验进行迁移，懂得如何合作。因此，"关注幼儿在活动中的表现和反应，敏感地察觉他们的需要，及时以适当的方式进行应答"是每一名幼儿教师需要不断锤炼、提高的专业能力和素养。

做幼儿习惯形成的培养者

过渡环节游戏具有零散性，从空间和时间上都有助于幼儿良好习惯的形成。首先教师要引领幼儿自我形成过渡环节的规则。如：在哪里操作？怎样操作？有几个人参加？收拾整理的方式方法？如何不干扰别人进行游戏等等。在这些问题的解决过程中，让幼儿形成良好的过渡环节游戏习惯。

教师如何做幼儿过渡环节教育发展的伙伴

过渡环节教育是幼儿的天地，是一日生活中幼儿本我个性最张扬的环节，是幼儿做主更充分的时刻，所以，在幼儿过渡环节游戏过程中，伙伴作用是缺一不可的。做到伙伴作用需要教师降低身段，换位体验，充满激情地投入到游戏中，才能更好地和幼儿一起合作、游戏，形成良好的伙伴关系。那如何才能做好幼儿的伙伴，教师可以注意以下几个方面：

学会平等、尊重的沟通

教师要想成为幼儿的伙伴，平等、尊重是首要前提。可以从语言、动作等多方面细节注意。幼儿在玩翻绳，教师也可随意拿一个翻绳，蹲下来，真诚地说："咱们一起来翻绳，不要嫌老师笨啊。"这样一句幽默的话，对于幼儿们来讲，是融入伙伴关系的良好润滑油。语言上的平等，需要教师尽可能地放下身段，表达要真诚，目光要专注，只有这样才能达到后期的真诚沟通。除了良好的语言平等外，教师一些细微的动作，也是和幼儿关系是否平等的反映，比如：和幼儿在一个地方、用一个方式坐下来，用手摸摸幼儿的头，专注地欣赏幼儿的游戏等等。

学会每项游戏的方法和规则

教师在幼儿眼里就该是最棒的人，是个全才。那么班级的所有材料和游戏，教师是否能真正掌握？教师尽可能地把所带班级或者幼儿们感兴趣的游戏、材料的玩法、规则掌握得游刃有余。目的是：在幼儿这个大群体里，有威信，让幼儿喜欢自己。只有更多的幼儿接纳自己、喜欢自己才可能真正成为幼儿心目中的伙伴。

学会合理、适时的介入游戏

教师作为伙伴介入游戏和作为指导介入游戏的身份决然不同。

介入时机：看幼儿是否缺伙伴？看幼儿是否有困难？

介入语言：需要我来和你们一起玩吗？我也想玩，你们带我玩吗？

当教师得到幼儿的许可或完全尊重幼儿的建议，才可以游戏，并且和幼儿一起遵守规则，同时做到有始终。即使不能游戏完，也要有合理的理由与伙伴说明，合理退出游戏，不可想来就来，想走就走。

学会恰当、合理的帮助

伙伴的帮助很少是自己总发现别人的困难而主动前去帮助的。一般是在幼儿伙伴的求助下施与帮助。教师的帮助要合理，避免挫伤幼儿的自尊或替代幼儿。当幼儿的动作、语言或眼神有求助欲时，教师可用"你真的需要我帮助吗""需要我帮助你做什么呢"这样的语言来征询意见，在幼儿的求助下实施帮助。这样的帮助有助于促进教师和幼儿伙伴关系的促进。

案例回放

拼装游戏——F1 赛车

背景：

拼装游戏一直为男孩子们所喜爱。最近，在餐前的过渡环节，一些纸制房屋模型掀起了男孩子拼装房屋的热情，一幢幢房子在他们手中诞生。这天来园，教师见拼装区的材料不足，便打开材料箱取材料。辰辰看见里面有 F1 赛车模型，便请求教师让自己试试。

内容：

刚开始时，辰辰拼装顺利。他看着说明书，将零件从纸板上全拆了下来，将自己以前的拼装经验告诉教师：先装简单的零件，这样会很方便。一会儿，一辆赛车的雏形便显现眼前。没想到，拼装得这么顺利，他有些喜出望外。可此时，问题来了：桌上留下了一大堆零件，由于形状、颜色相近，不知是哪个部位多出来的。

辰辰向教师求助，由于没拼装的经验，以及面对一堆赛车零件，教师带着害怕和犹豫，成了辰辰的搭档。两人边拆边总结教训边探索：

"零件都混在一起了。看样子，我不应该把所有的零件都拆下来。"

"是呀，好像应该装什么，再拆什么。"

"那现在该怎么办？"

"仔细看看图纸。"

"车尾的零件好像比车头的零件要大，虽然颜色一样，但上面的花纹和字不一样。"

"对，我也发现了。我们现在就来把车尾的零件先分开来。"

……

零件一个个地被辰辰装上了赛车。"咦，怎么又多了两块长条形的板？"两人又疑惑起来，手拿零件，再一次仔细核对说明书，从前往后逐个检查。"是这里的，是这里的！"辰辰突然激动地叫了起来，"是装在车轮上的，你看呀！""对，对，对！是的，还是你眼睛灵。怪不得，这车轮有点松。可是，现在该怎么装呢？"仔细看后发现：原来这个零件需要横穿在整个赛车车身，才能将左右两边的车轮连在一起固定。拼装时应该与车身一起装在车座上。现在要装，等于要拆掉返工。两人开始"化整为零"，从头再来。好在，再装一次，两人的动作明显熟练，并配合默契。

当最后一只车轮装上赛车时，辰辰不由大喊一声"耶！"

分析：

教师怀揣忐忑加入拼装的过程，为了完成作品，他们一起商量，一起面对问题，寻找对策。过程中，辰辰表现出一个男孩子在游戏中的能力，经验迁移、发现问题、找寻症结。而教师在与辰辰合作的过程中，则是一名新手，抱着尝试的心情参与，和男孩子一起经历了一而再、再而三的障碍，为赛车的雏形感到欣喜，又为漏装一个零件要拆掉整部赛车而沮丧。过程

中他们不再是师生，而是两个平等、互相依靠的朋友。但如果没有教师在心理上的支持和思考上的投入，辰辰的欣喜只怕会枉然。

学会移情体验感受

教师和幼儿们一起进行过渡环节游戏时，要具备移情体验能力。看到户外活动回来的明明气喘吁吁地坐在小椅子上，盯着已经人满为患的积木区在生气。教师是否能及时换位思考，说些什么呢？这时候教师就要把自己当成明明：哎呀！我也想去积木区，可没地方了，咱俩一起玩小积木怎样？在幼儿认同教师和他有一样的难处时，会欣然地接受建议，也加速了教师和幼儿的伙伴关系。

学会欣赏、学习幼儿的优势

伙伴之间的欣赏不同于教师的欣赏。伙伴的欣赏是一种参与，是一种默默地看，而不会像成人那样去说"你做得真好"，教师明白这一点，就知道和幼儿在一起时，怎样欣赏幼儿的优势，教师可以说"我也想做一个和你一样的，你的那个很好玩"这样的话，巧妙地融入到伙伴间的师幼关系中。教师要学会欣赏，首先要学会做喜悦的分享者。

当幼儿通过努力终感自己有收获时，教师应该是首先为他祝贺的人，而且应该为他宣传，并与整个集体一起分享他的快乐。

案例回放

送手链（中班）

背景：

班中的"串珠"活动是女孩子们展示才华的舞台。她们每一次活动后，总是喜欢将自己的项链、戒指、耳环戴在身上，漂亮极了！到了中班，男孩子中很少有人去选择这个材料。可这天，肖肖却选择了"串珠"。

内容:

肖肖从珠子操作盒里挑选了一根红色的绳,开始一个个地穿起来,只见他一边穿一边用手围住,随即,开始偷偷地用眼睛关注周围,好像在寻找着谁,可又有些犹豫的样子。教师走近肖肖,故作惊讶地问:"这么漂亮的链子,是给谁戴的呀?"肖肖小声地说:"我想送给晴晴戴,她会喜欢吗?"教师忙鼓励他:"那你赶紧去送给晴晴。她一定很高兴"。得到教师的鼓励后,肖肖鼓足了勇气,找到了正在表演区跳舞的晴晴。

遇到了拒绝 肖肖走近晴晴,慢吞吞地说:"我做了个手链送给你,你收下吧!"然后拉起晴晴的手腕,开始往晴晴手腕上套这个链子。正当肖肖满心欢喜的时候,晴晴边摇头边对他说:"这个手链太长了,我跳舞的时候会掉下来,你还是给摘下来吧!很麻烦,我不想要!"肖肖的脸一下子红了起来,小手紧紧地攥着衣角。教师忙说:"那你能修改一下吗?"肖肖使劲地点点头,"没关系,我把手链改短一点!"肖肖拿着退回的手链,默默地离开了。

肖肖走到桌子旁边,又加工了起来。这次他很小心地将多出来的珠子一个个地取下来,小心翼翼地将珠子放在盒子里,又重新捆绳。还戴在自己的手腕上,使劲地甩甩手腕,发现手链牢牢地粘在手腕上纹丝不动,露出满意的神情。

再一次挑战自己 肖肖鼓足勇气再次来到晴晴的身边,拿出自己重新穿出的手链再一次给晴晴。晴晴仔细地看了看,又摇了摇头说:"上次的珠子很漂亮,这次的珠子少了,颜色不多。你看,我戴上,还有一段绳子上光秃秃的。我不想要。"肖肖认真地点点头,低声说:"哦!我懂了!"他悄悄地又回到了座位。

第三次 肖肖把手链的结子打开,他认真地一颗颗又往上穿珠子,眼神专注,动作细腻。两分钟后,肖肖把手链再一次送到晴晴手里,这一次,晴晴说:"这个手链我喜欢,你帮我戴上,我给你跳个舞。"肖肖的脸上终于露出了笑容。看得出,他真的对自己满意了,在教师的提议下,大家为他们鼓掌,这一对好朋友也高兴地投入到游戏中。

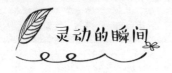

分析与思考：

游戏过程中，肖肖和晴晴始终在互动中不断地调整着自己的游戏行为。三次赠送手链的过程，肖肖一直坚持着、积极地调整着。根据伙伴的要求，反复修改、制作，显示了肖肖活动目的性强、坚持性强的良好个性品质。教师在每一次的环节中，都适当适时地给幼儿言行鼓励和支持：让肖肖一次次地挑战自己，鼓励肖肖和小伙伴沟通，让所有的小伙伴为他们鼓掌，集体分享肖肖和晴晴小朋友互动的快乐结果。这也是对肖肖不放弃行为的极大肯定，同时也为其他幼儿点明了"我们该欣赏肖肖什么"的方向。

因此，根据幼儿的个性特征提供不同的支持行为，类似肖肖这样相对内向但又很执着的幼儿，教师要善于鼓励，多多欣赏，帮其体验成功，树立自信。

教师需要注意的几个问题

幼儿园一日生活中各个过渡环节内容形式有重合性，也有特殊性。本书重点从来离园过渡环节、餐前餐后及午点后过渡环节、集体教学活动后过渡环节进行了细致分析，我们在适宜的活动内容和策略上给予了案例分析，但这些不是唯一的。教师要依据园所的生活制度，幼儿的生活情况，幼儿的个性发展进行参考运用。教师在执行的时候要注意以下几点：

注意要用相同的顺序来把握过渡环节

这一点对于小班幼儿尤为重要，3、4 岁的幼儿经常会考虑时间和事件的顺序问题。诸如，幼儿经常会问"妈妈什么时候来接我？""我们现在可以出去玩滑梯了吗？"之类的问题。固定的一日生活顺序给幼儿提供了理解时间的特定途径。"我先脱掉棉衣，然后去喝水，喝完水我就去自然角看金鱼……"一旦幼儿多次经历了同样的一日生活顺序，并知道每一个环节的名称，他就开始理解幼儿园活动时间的安排是可以预先知道顺序的，幼儿就不需要教师来告诉他下一个环节是什么。

幼儿园中固定的过渡时间及正常的环节顺序安排能使教师和幼儿免于成天考虑下一个环节如何安排或如何过渡，从而把创造力完全用于当前的活动中。一旦各个环节安排好，幼儿适应以后，他们会感觉舒畅，且更有灵活性。当幼儿从事活动的状态极佳时，偶尔也可延长时间，或某天因为安排了郊游，也可改变原来的一日活动过渡环节的安排。

一日过渡环节的活动需要设计，这样的设计要完成三个主要的目标：

首先，计划——做——回忆这几个重要环节，旨在帮助幼儿在这一过程中探究、设计、完成自己的计划，以及在学习过程中做出自己的决定。

其次，给幼儿提供自主活动的时间，支持幼儿相互作用——小组或集体，幼儿与材料，幼儿与幼儿，教师与幼儿。

最后，给幼儿提供自主活动的时间和在教师指导下的活动时间，在不同的过渡环节中活动的内容等等。

教师若能较好地执行一日生活中的过渡环节，就能给幼儿提供一个多功能的结构。在这一结构中，教师与幼儿都能较好地发挥主动性和创造性。

幼儿园一日生活过渡环节往往是根据园情和班情相互结合所形成的。在学期初，班级教师根据园所保教工作计划详细地对幼儿的科学发展顺序进行班级实践，实践的过程可以验证班级各个板块的划分是否合理。其中最为重要的一点就是对过渡环节的时间、内容的验证。经过一两周教师有目的的探索、调整之后，班级幼儿就自动形成了一日生活的模式，一旦生活模式形成，即：过渡环节的时间一旦形成，活动的顺序就不要更改。如，来园——早餐——活动区——过渡——集体——过渡——户外——过渡——午餐的半日模式形成，环节的安排顺序就无需更改，理由是：幼儿需要稳定的生活常规，需要科学规律的生活。如果反复调整，不利于幼儿生活及学习习惯的养成。

如何形成适宜本班幼儿的模式

◆运用以往的经验设计过渡环节 作为教师，接手一个班级，都要依据园所里提供的幼儿园一日生活常规进行合理设计和安排一日生活。首先要让幼儿基本情况稳定，再进行适合自己班级的合理微调。

◆依据幼儿年龄班特点调整一日生活过渡环节 幼儿年龄差异性直接影响过渡环节模式的形成，如小班的集体活动时间短，生活活动颇多，这就无疑要增加过渡环节及过渡环节内容；中班、大班集体教学时间较长，生活自理习惯已经初步养成，生活环节过渡快，就需要过渡环节内容丰富。教师则应针对幼儿年龄班特征，因材施教的设计生活模式。

◆依据班级地理位置，形成一日生活过渡环节模式 幼儿园情况不同，条件不同，过渡环节时间也就不同。如有的园所是班级合用盥洗室，这就需要生活活动环节的时间更长些，教师要随机调整，使自己的班级流程合理；有的园所房舍为平房，幼儿出入方便，这样集体活动后与户外衔接过渡时，教师就可以设计内容简单、时间短小的活动；而在楼房内的班级则不同，由于教师需要组织幼儿上下楼等，过渡时的组织就需要教师结合活动地点考虑游戏的适宜性。因此，幼儿园教育无小事，处处都需要教师精心设计，点点滴滴需要为幼儿考虑（安全、保教是否合理）。只有做个有心的教师，做出有准备的计划，才能让我们的幼儿度过安全、健康、快乐的一日生活。

◆三位教师保持一致性，认真贯彻一日生活过渡环节的模式 合理的过渡环节一旦实践成功，三位教师要坚持一致，不能经常性的随意更改，那样不利于幼儿生活习惯的养成，也不利于一个班级形成良好班风。时间的一致性：班级中的三位教师把握过渡环节、作息时间的固定不变；内容、活动地点的一致性；对幼儿活动常规的要求保持一致性。班级中教师保持了时间、地点、要求的一致性两周左右，幼儿就能顺利形成良好的生活常规，过渡环节的常规也就随之养成。

寻常过渡与异常处理相结合

任何事物都有其普遍性和特殊性。幼儿园一日生活中的各个过渡环节都要尊重科学规律，作为教师一定是理念原则在先，情理把握在后。只有这样，才能保证幼儿的一日生活过渡真正达到合理自然。如：遇到天气不好，户外活动不能进行的时候，教师要有随机处理的能力，延长过渡环节或者增加过渡环节内容。幼儿园这种情况很多，对教师的考验也很大，教师要做到寻常过渡与异常处理的有益结合。因此，作为教师我们应该做到：

教师要提前对幼儿次日的生活环节做好详细的计划

计划中教师就要考虑到常规情况、特殊情况的安排。如：集体活动时间过长了，如何过渡？午点后，园里有大型集体舞排练怎么安排？这些问题是需要教师在计划中提前考虑到的，尤其对于一些新手教师要做到有备在先，才能做到临时有任何变化都能顺利应对，达到各个环节的合理顺畅。

教师要有随机调整的智慧

幼儿在过渡环节中，会出现这样那样的问题，有时候是能力问题，有时候是学习品质问题，有时候是幼儿经验问题，教师不要死死地执行计划，要有临时调整的能力。所以说，随机教育对于教师是很大的挑战。教师能及时根据幼儿情况或个性随机调整过渡计划或教育方法既是对教师教育经验的梳理，也是衡量教师智慧的标尺。

教师要协助幼儿形成过渡环节自主安排的能力

日常与幼儿交谈中，经常有意识地提到各个环节的名称，如："我们要穿马甲了，一会儿要参加外出活动了"；从户外回来，幼儿边喝水，教师就可以边说："一会儿是咱们的餐前活动了，今天餐前活动我在安静区中放了小小皮影道具，欢迎大家去看"；午点时，教师提示，"一会儿咱们的午点后环节，小朋友一起欣赏童话剧《灰姑娘》"。这些看上去聊天的话，教师都是在有意识告诉幼儿环节名称。日复一日，重复得多了，幼

儿便可自动形成环节意识，才会有后期一系列的选择、参与、发展。

确定使用一种信号来标志某一环节的结束

教师可以考虑不同过渡环节采用不同的信号，如不同的音乐，不同的手势，或者形成一种只有班级内教师和幼儿相互理解的信号。这其实是长期一起生活而形成的一种默契。如：播放音乐，告诉幼儿午点后自主环节结束了；在班级中摇动铃鼓，告诉幼儿集体活动后的过渡环节结束了。幼儿一听到音乐或铃鼓声就知道该进入下一个活动了。

教师在每一环节结束前几分钟提醒幼儿，让幼儿知道下一个环节是什么

事先有所准备才不至于让幼儿手忙脚乱地丢下手里的东西，就跑去干下一个事情。更要避免催促幼儿，如果这样就失去了过渡环节的本质意义。教师可以用平稳不急躁的语速说：咱们的时间快到了，没有搭建好的小朋友要想办法了！如果教师说：小朋友快点，咱们该出去玩了。这样幼儿就会很慌乱，急着出来站队，人人手下留个乱摊子。不利于幼儿形成良好的生活学习习惯，而且教师的组织也会处于无序慌乱的状态。因此，**作为教师一定做到：巧提示，慢语速，轻暗示，稍等待**。让幼儿在过渡环节中做到真正的过渡而不是跑龙套。

教师要有一个过渡环节组织的结构意识

过渡环节看上去时间短、随意性大、空间不固定，但组织一个成功的过渡环节要具有缜密的结构系统：**开始部分、中间部分、结束部分**。三个环节中缺少任何一个或组织起来太过随意都会使过渡环节变得毫无意义。

开始部分

一个简短的、清晰明了的过渡环节开始就要让幼儿清楚地知道：他们该去做什么了，他们即将进行哪些活动、可以选择哪些材料和使用材料的一般方法。在过渡环节开始前，教师需要注意以下几点：

◆事先准备好过渡环节所需要的各种材料，并且放在幼儿活动时便于取放的地方，这样一旦幼儿吃完午点或者集体活动后就能立刻进入过渡环节，开始自己的活动。

◆教师可以在开始时简短介绍一下内容。如：今天小朋友们吃完晚饭后去收集箱内取你们爸爸妈妈为你们准备的礼物。看看爸爸妈妈给你们带了什么礼物？大家可以欣赏交流一下。

◆简短介绍内容后，让幼儿自己活动，尽量避免长时间的讨论或分发材料或过度强调这样那样的要求，让幼儿失去了参与活动的兴趣。

中间部分

幼儿开始过渡环节活动后，教师和幼儿相互影响，教师要支持、鼓励幼儿，教师应注意以下问题：

◆观看和倾听，了解幼儿如何使用材料和如何活动。

◆通过提问帮助幼儿不断思考和解决问题。

◆鼓励幼儿之间的语言交往，交流他们的想法和发现。

◆和幼儿一起谈他们正在做的事情，引导幼儿描述他们的活动。

◆为遇到困难的幼儿提出建议。

◆教师可以自己参与游戏，感受各类材料的操作方法和问题。

结束部分

过渡环节活动经常会在刚刚开始或进行一半的时候就结束了。因此，教师可以借助照相机或录像机来展示幼儿成果，引导幼儿明天继续或者寻找完成的机会，提示幼儿收拾整理自己的工作场地并回忆自己做过的事情。

教师需要做到无中有，有中放的教育境界

过渡环节不同于幼儿日常有准备的集体教学活动和区域游戏活动。要使过渡环节成为幼儿充分休息的时间，进行良好的身心调节，这本身就是一种最佳教育状态。本书中大量论述了有关教育的内容、价值及环境引导，目的不是让教师僵化执行和选择，是为了让教师做到脑中有货、心中有备，幼儿们才能真正在一日生活中得到充分良好的过渡、休息，切不可形成价值性高强，教育性高效的形而上学的过渡环节，那样就违背了幼儿的天性，

也不是编写这本书的目的。

　　教师要努力做到"三无"：无明显痕迹的教育、无明显规则的约束、无主观控制的语言。

　　教师要尽力做到"三有"：有智慧的带班思路、有准备的创设环境、有欣赏的观察。

　　教师要竭力做到"三放"：放手幼儿的自主选择、放手幼儿随意的游戏、放手幼儿天性的释放。

　　教师要做到以上这些，需要丰厚的专业功底、平等的儿童观、高尚的师德，并且尊重幼儿生理、心理特点，巧妙引导和把握幼儿一日生活过渡环节的价值，让幼儿在宽松、愉悦的心理环境中尽情陶冶性情，充分施展个性才华，日积月累而培养生活能力，形成规则意识，淡化过渡环节的教师"教"，强化过渡环节的自由、自如，充分保障幼儿的本我快乐。

　　幼儿在幼儿园一日过渡环节的各个活动中，都是充分自主和快乐的。在这种宽松氛围的游戏中，教师要让幼儿感受到身心愉悦，要让幼儿充分自主，教师的角色定位就显得尤为重要。

　　《纲要》中明确规定教师的作用为：支持、引导、合作。因此在幼儿园一日生活过渡环节中，作为教师心中要明确：此时此刻，幼儿心理最需要的是什么？休息、放松、探究还是聊天？教师对于一系列的问题要有迅速的判断能力，恰当地做好教师的角色，保障幼儿科学合理快乐的生活。

　　幼儿在过渡环节中是自然宽松的，是休息、调整的状态。教师起到支持、引导作用的同时，要注意培养自己与幼儿的伙伴情感，只有在平等、尊重的基础上进行良好的合作、引领才能使幼儿的过渡环节达到静中有动、放中有序的境界，使幼儿在一日的生活常态中达到"羞答答的玫瑰静悄悄地开"的效果，让幼儿的每一秒钟过得有生命力、过得有意义。

参 考 文 献

1. 玛丽·霍曼，伯纳德·班纳特，戴维·P·韦卡特. 活动中的幼儿［M］. 郝和平，周欣，译. 北京：人民教育出版社，1995.

2. 林佩芬. 幼儿园区域活动的实践与研究［M］. 宁波：宁波出版社，2004.

3. 张加蓉，卢伟. 学前儿童语言教育活动指导［M］. 上海：复旦大学出版社，2009.

图书在版编目（CIP）数据

灵动的瞬间：幼儿园过渡环节巧安排/林玉萍，
王东芳主编.—北京：中国农业出版社，2016.1
（2024.12重印）
ISBN 978-7-109-21293-0

Ⅰ.①灵…　Ⅱ.①林…②王…　Ⅲ.①学前教育－教
学参考资料　Ⅳ.①G613

中国版本图书馆CIP数据核字（2015）第311566号

中国农业出版社出版
（北京市朝阳区麦子店街18号楼）
（邮政编码 100125）
责任编辑　杜美玉

中农印务有限公司印刷　　新华书店北京发行所发行
2016年2月第1版　　2024年12月北京第3次印刷

开本：710mm×1000mm　1/16　　印张：10
字数：240千字
定价：38.00元
（凡本版图书出现印刷、装订错误，请向出版社发行部调换）